영화로 인공지능 이해하기

인공지능총서

인공지능 시대입니다. 기계가 인간의 인지를 대신하고, 사물이 인간을 통하지 않고 다른 사물과 직접 커뮤니케이션합니다. 이에 따른 인간 삶과 문명 변화를 정확히 이해·예측·대응하는 것은 이 시대 우리 모두의 과제입니다. 인공지능총서는 인공지능 기술과 환경의 여러 주제를 10가지 키워드로 정리합니다. 관련 개념과 이론, 학계와 산업계의 쟁점, 우리 일상의 변화를 다룹니다. 인간과 기술의 현재, 미래를 세심히 분석합니다.

일러두기

- 인명, 작품명, 저서명, 개념어 등은 한글과 함께 괄호 안에 해당 국가의 원어를 병기했습니다.
- 외래어 표기는 현행 어문규정의 외래어표기법을 따랐습니다. 다만 영화 속 등장인물의 이름은 영화의 표기를, 내주와 참고문헌의 저자명은 출간된 참고문헌의 표기를 따랐습니다.

영화로 인공지능 이해하기

장미화

대한민국, 서울, 커뮤니케이션북스, 2025

영화로 인공지능 이해하기

지은이 장미화
펴낸이 박영률

초판 1쇄 펴낸날 2025년 3월 31일

커뮤니케이션북스(주)
출판 등록 2007년 8월 17일 제313-2007-000166호
02880 서울시 성북구 성북로 5-11
전화(02) 7474 001, 팩스(02) 736 5047
commbooks@commbooks.com
www.commbooks.com

ISBN 979-11-7307-703-6 03500

책값은 뒤표지에 표시되어 있습니다.

차례

인류의 동반자이자 적, 인공지능

1970년대 앨빈 토플러(Alvin Toffler)가 말하였듯이 인류는 1, 2차 산업혁명 이후 거대한 물결로서 전자기술 및 정보기술(Information Technology, IT)을 활용한 자동화에 해당하는 3차 산업혁명을 겪었다. 이제 도래하는 4차 산업혁명은 사물인터넷(Internet of Thing, IoT)과 인공지능 기반 초지능 혁명이다. 이는 사이버 세상과 물리적인 세상의 경계가 모호해지는 시대가 도래했음을 의미한다. 4차 산업혁명 시기에 인간은 컴퓨터 네트워크 통신 기반의 인공지능을 발전시키게 된다. IT 혁명인 3차 산업혁명을 넘어서서 정보통신기술(Information Communication Technology, ICT) 혁명은 물건이 사람에게 말을 걸거나 물건끼리 다양한 소통을 하는 방법을 찾는 것을 목표로 한다(이호성, 2017). 인간은 사물인터넷 시대에는 전자 통신 체제에 의해 컴퓨터가 나타내는 자율성으로부터 영향을 받게 되고 인공지능 기술을 활용해 인간 본연의 신체적 정신적 기능을 강화하는 시도를 하게 된다.

인공지능이라는 용어는 1960년대에 매사추세츠공과 대학(MIT)의 존 매카시(John McCarthy)에 의해 창안된 후 그의 제자인 마빈 민스키가 기하학에서 정리를 증명하고 수학 시험의 문제를 풀고 체스를 하는 인공지능을 만들면서 알려지기 시작했다(모라벡, 2011). 인공지능은 이후 인간의 사고를 모방해서 인간인지 구별되지 않는 방향으로 발전되었다. 인공지능은 인간의 상상을 자극하면서 컴퓨터 과학 기술의 발전과 함께 인간의 미래에 대한 다양한 전망을 제시해 왔다.

영화에서 인공지능은 인간의 사고에 중대한 영향을 미치며 발전하는 모습을 보여 준다. 이러한 측면은 결코 인류에게 낙관적인 영향을 주는 것만은 아니다. 인공지능 캐릭터는 때로는 기술 비판적인 양상을 띠면서 다양하게 변주되어 왔다. 중요한 것은 시대별 기술의 변화에 따라 인간에 대한 전망도 많이 달라졌다는 점이다. 이는 인간에게 장차 도래할 정신과 신체의 관계에 어떤 의미심장한 변화가 생기게 됨을 암시하고 있다. 인간과 인공지능은 결코 분리하려고 해도 할 수 없는 필수 불가결한 관계성을 맺고 있다. 미래에 인간은 이전 시대의 인간의 모습과는 무척이나 다른 신체와 정신, 몸과 마음을 가지게 될 것이다. 모라베크(Hans Moravec)는 인간이 자신의 신체뿐만 아니라 마음까지도 컴퓨터 인공지능으로 확장하는 것이 가능하게 될 것이라고 말하였다(모라벡, 2011). 그러한 미래는 결코 머나먼 훗날이 아닐 것이다. 이제 우리가 컴퓨터 인공지능에 대해서 주목해야 하는 점은 '컴퓨터가 계속 발전하면서 인간은 자신의 미래를 어떻게 바꾸게 될 것인가'라고 할 수 있다. 컴퓨터 인공지능이 인간을 개조 혹은 변화시키는 측면은 곧 인간이 기계와 다르다고 하는 고정된 사고의 전환을 나타낸다. 인간은 본래 기계와 다른 정신과 육체를 가진 존재로서 이해되어 왔다. 그러나 인공지능은 인간에 대해 단지 육체적인 차원뿐만이 아니라 정신, 혹은 마음의 차원에서도 차원이 확장된 특성을 부여해 줄 것이다. 다시 말해 인간은 인공지능 컴퓨터 기술을 활용해서 스스로를 포스트휴먼으로 확장하게 될 것이다.

인공지능의 모호성

21세기 이래 인공지능 기술은 인류에게 커다란 문명 도약의 순간을 가져올 것으로 이해되었다. 현대인의 삶 속에서 인공지능은 챗GPT(ChatGPT)와 같이 삶 속에서 필요한 지식이나 문제 해결 방식 등에 대해 제안하는 기능을 하는 것을 비롯해 더 근원적인 차원의 문제도 해결할 수 있도록 할 것이다. 나아가 인공지능은 인간에게 필수 불가결한 기술로서 자리 잡고 인간과 함께 진화할 것이다. 인공지능이 사회 문화적인 차원에서 인간에게 이로운 역할은 하면서도 인간의 진화를 추진하는 과정에서 예기치 못한 위기를 초래하는 것은 이 책에서 주요하게 검토하는 사항이다.

영화는 그러한 검토를 용이하게 하는 대표적인 장르로 보인다. 본서에서는 2000년대 이후 영화들을 각 장의 주요한 소재로 다루고 있다. 예를 들면 〈업그레이드〉(2018)라는 영화는 2010년대 이후 블룸하우스에서 만든 호러 액션 영화로서 인공지능의 통제와 윤리성 부여 방안과 관련해서 다루어진다. 이 영화는 극 중 인공지능 스템(STEM)이 인간의 필요로 인간 몸속에 이식된 이후 주체에게 예기치 못한 변화를 초래하는 사태를 중심으로 인공지능의 문제를 제기하고 있다. 불의의 사건으로 목 아래 신체 전부가 마비된 그레이는 사고를 겪고 난 후 고통스러운 나날을 보내게 된다. 그는 의료 보조 기능을 하는 인공지능 칩 스템을 이식한 후 점차 인공지능이 나타내는 돌연변이성으로 인해서 자아 정체성을 잃게 된다.

이 영화에서 인공지능은 인간의 본성을 사라지게 하

며 몸과 마음을 괴리시키는 괴물과도 같은 인공적 생명체에 해당한다. 이 영화는 인공지능이 인간과는 무척 다른 어떤 존재로 변화하고 더 나아가 다른 종으로 진화할 가능성을 보이는 측면을 분명하게 보여 주고 있다(김재웅, 2022). 인공지능이 인간이 처한 상황에 대해 어떤 인간적인 고려도 하지 않은 채 알 수 없는 행위를 실행할 경우, 인간은 돌이킬 수 없는 종말의 위기에 처할 수 있다. 이에 대해 인간은 통제책을 고려해야 할 것이다. 인공지능이 예기치 못한 상태에서 무척이나 위험해질 수 있음은 기계는 인간과는 무척 다른 사고 체계를 실행하기 때문이다(오코널, 2018). 이 영화는 인공지능 캐릭터의 변화라는 소재를 중심으로 인간에게 파괴적으로 변하는 인공지능의 오류를 무척 사실적으로 다루고 있다.

역대 인공지능 소재의 공상과학(SF) 영화들은 인공지능 캐릭터가 극 중에서 보이는 긍정적인 혹은 부정적인 양상들을 통해서 현재의 인공지능 기술과 관련된 이슈들에 대한 우리의 사유를 촉구한다. 비평가 프레더릭 제임슨(Fredereic Jameson)은 SF 장르가 알리는 것은 우리가 상상하는 능력이 아닌, 우리가 상상하지 못하는 능력이라고 하였다. SF를 읽거나 보는 독자들은 상상 그 이상을 상상할 수가 있다(이동신, 2022). SF 문학, 영화는 인공지능에 대한 다양한 사안을 다루면서 인간이 트랜스휴먼이 되어서 나타나는 문제들을 제기한다. 인공지능에 의한 트랜스휴먼화는 과학 기술 사용으로 인간이 외형적인 신체 혹은 기능상의 한계에서 벗어나는 측면을 드러내고 그로 인한 인간 개념에 대한 재정의를 다루고자 한다(김희경, 2018). 이 책에서 SF 영화 속의 모호한 특성을 발현하는 인공지능 캐릭터들은 우리가 미래의 인공지능에 대해서 윤리적으로 접근하는 중심축이 된다.

인공지능의 윤리성

이 책에서는 영화 속에서 재현되는 인공지능을 활용한 인간의 트랜스휴먼화 문제와 인간에 대한 개념 변화에 대해 윤리적 측면에서 다루면서 과학자들이 경고하는 위기의 도래에 대해 검토할 것이다. 극 중 인공지능 캐릭터는 인간의 친구 혹은 연인으로서 친밀한 대상으로 설정되고는 한다(김수정 · 한혜원, 2022). 이때 인간은 인공지능에 대해서 넘을 수 없는 벽을 느끼고 인공지능도 인간을 자신과 비교하며 스스로의 신체성에 대해 문제의식을 느끼기도 한다. 인공지능은 인간의 신체를 구하고자 하면서 인간과의 접촉을 시도하고자 한다. 결국 이 시도가 실패하면서 인간과 인공지능 사이에는 놓은 벽만이 강조된다. 이때 인공지능은 인간이 되는 것보다 인간에게 저항적이 되는 쪽을 택한다. 2010년대 영화에서 인공지능이 일상 속 인간과의 관계에서 보여 주는 여러 양상이 이 책에서 중점적으로 다루어진다. 그 예로 스파이크 존즈(Spike Jonze)의 〈그녀〉(2014)에서 음성 기반의 인공지능 사만다는 자신에게 부재하는 신체를 대신해 줄 만한 여성을 찾고 몸을 구현하려 한다. 하지만 그 과정에서 스스로 인간이 될 수 없음을 깨닫는다. 사만다가 보여 주는 인공지능의 이러한 특성은 위험하고 매혹적인 면이 있다. 그러나 이 영화에서 컴퓨터 인공지능의 운영 프로그램인 사만다 같은 약인공지능은 인간에게 많은 사생활 침해 혹은 법적 침해를 가할 수 있음을 보여 준다(남운, 2016). 〈엑스 마키나〉(2014)에서 인공지능 로봇 에이바도 사만다와 같이 발달한 인공지능이 인간에게 미치는 해악을 보여 주는 케이스다. 그러나 에이바는 사만다와는 달리 인간의 신체가 자신의 신체와 다르다는 점을 열등감으로 여기지 않는다. 휴머노이드인 에이바는 유사 인간 상태를 추구하며 케일럽의 동조를 구하기 위해 기계몸을 가리고 인간의 모습으로 변신하기도 한다. 인공지능 캐릭터는 대개 사람인 척하다 극적인 순간에 로봇임을 드러내서 혐오나 불편함을 제공하기도 한다(이민정 · 장성갑, 2024). 이와 같이 영화 속 인공지능 캐릭터들은 SF영화를 중심으로 작품 속에서 재현되는 인공지능에 의한 트랜스휴먼화가 지닌 문제, 그리고 인간에 대해 중대한 영향을 미치는 인공지능의 특성을 자세히 보여 준다. 이는 인간 개념이 변화할 가능성도 나타내고 있다.

이 책은 2010년대 이후 영화 속 인공지능의 재현에서 대두되는 여러 측면을 참조하면서 인공지능이 인간과의 관계에서 어떠한 변화를 나타내는지에 대해 다양한 양상을 참조해서 살펴볼 것이다. 이를 통해서 오늘날 인공지능 기술이 챗GPT 혹은 생성형 인공지능과 같이 구체적으로 인간의 곁에 다가오는 시점에 인공지능에 대해서 총괄적으로 이해해 보고자 한다. 과학 기술과 산업이 급속도로 발전하는 가운데 우리는 인공지능과 같은 첨단 기술이 미래에 우리에게 어떠한 잠재적 위험을 미치게 될 것인가에 대해서는 그다지 많은 생각을 해 보지 않았던 것 같다. 이 책은 그러한 필요에 부응하여 인공지능을 쉽고 구체적으로 이해하기 위해서 영화를 중심으로 그 재현 양상과 의미에 대해서 검토해 보고자 한다.

영화는 인공지능 개발과 사용에 대한 새로운 담론의

확장을 가져오고 있고 결론적으로 인간의 동반자로서 혹은 인간의 적으로서 이중적인 특성을 지닌 인공지능에 대해서 이해하는 길잡이가 되어 준다. 2010년대 이후 영화에서 인공지능들은 더 이상 인간의 수동적 동반자이거나 인간의 지배만을 받는 존재가 아니다. 이들은 컴퓨터 기반의 통신망 기술의 진화로 인해 신경망 구조를 모방한 인공 뇌를 중심으로 운영되는 존재로서 인간과 대등해지거나 나아가 인간보다 더 진화된 존재로 그려진다. 이러한 SF 영화 가운데에는 인간의 트랜스휴먼화에 대한 소재를 다룬 경우 인간과 기계의 결합으로까지 문제를 확대한다.

〈아이언맨 2〉(2010), 〈아이언맨 3〉(2013), 〈트랜센던스〉(2014), 〈업그레이드〉(2018) 등은 인간의 트랜스휴먼화 문제를 다루면서 인공지능 캐릭터가 극 속에서 주요한 역할을 담당하는 영화다. 이 작품들에서 인간은 기계와의 결합을 시도하고 이를 통해서 전보다 한 차원 더 강한 존재가 된다. 예컨대 〈아이언맨〉 시리즈에서 주인공 토니 스타크는 뉴욕에서 불의의 사건을 겪은 이후 슈퍼 히어로가 되는데 그는 테러로부터 자신과 사랑하는 이를 전부 지켜 내기 위해서 강화된 신체 능력을 적극적으로 활용한다. 트랜스휴먼화된 스타크는 인공지능의 도움을 받아서 인간으로서의 능력을 초월하고 인류를 위협하는 악한 무리들을 제거한다. 이와 같이 영화에서 트랜스휴먼들은 인공지능의 도움을 받아서 완성되고 있으며 그 이면에 있는 인간과 기계의 트랜스휴먼화 문제를 드러낸다. 인공지능의 양가성은 인간성이 변화함에 따라서 나타나는 새로운 인간성에 대한 윤리적 사유를 촉구하고 있다는 점에서 중요하다.

참고문헌

김수정·한혜원(2022). SF 영화와 드라마에 나타난 기술적 타자로서의 인공지능 캐릭터 연구. ≪문학과영상≫, 22(1).

김재웅(2022). 인공지능, 기생화된 타자와의 대화? –영화 〈업그레이드〉에서 스템의 생존방식을 중심으로–. ≪만화애니메이션 연구≫, 제66호.

김희경(2018). 영화 〈엘리시움(Elysium)〉에 비춰진 트랜스포머티브와 트랜스휴머니즘. ≪디지털콘텐츠학회논문지≫, 19(8), 1487쪽.

남운(2016). 존즈 S. Jonze의 SF 로맨스 〈그녀 Her〉를 통해 살펴본 인공지능의 가능성과 위험성의 문제. ≪독어교육≫, 67(67).

마크 오코널(2018). 『트랜스휴머니즘: 기술공상가, 억만장자, 괴짜가 만들어낼 테크노퓨처』. 문학동네.

이동신(2022). 『SF, 시대 정신이 되다 낯선 세계를 상상하고 현실의 답을 찾는 문학의 힘』. 21세기북스.

이민정·장성갑(2024). 〈엑스 마키나〉의 인공지능에 대한 부정적 묘사 분석 – 등장인물 비교를 중심으로. 『만화애니메이션 연구』,

75호.
이호성(2019). 『현장중심형 스마트팩토리: 제4차 산업혁명 시대 최강의 무기』. kmac.
한스 모라벡(2011). 『마음의 아이들: 로봇과 인공지능의 미래』.김영사.

01
인공지능의 정체성: 〈트랜센던스〉

〈트랜센던스〉에서 과학자 윌은 기술 개발에 반대하는 테러리스트들이 쏜 총에 맞아 숨진다. 이후 그의 뇌 속의 기억이 컴퓨터 프로그램 핀(PINN)으로 업로드되어 초지능에 해당하는 트랜센던스가 구현된다. 인간들은 자신의 지능보다 너무 앞서 나간 초지능의 출현에 대해 결코 호의적이지 않다. 사람들은 오히려 초인간적인 인공지능의 출현에 극도로 공포심을 드러낸다.

트랜센던스의 모호성

인간의 기억을 데이터화하고 이를 컴퓨터에 업로드하는 것으로써 인간은 죽음 이후의 생을 연장할 수 있을까? 마인드 업로딩으로 알려진 이 인공지능 기술은 가상 인간을 만드는 이야기를 다루는 영화 〈트랜센던스〉(2014)에서 가장 핵심적인 사안이다. 인공지능의 특이점을 다루면서 영화는 기술 발전의 속도가 어느 수위에 이르러야 인간에게 적정하다고 할 수 있는지에 대한 문제를 제기하고 있다. 기술 진보적인 성향의 컴퓨터 과학자 윌 캐스터는 자신의 인공지능 프로그램 개발 업적에 대해 반감을 가진 진영이 일으킨 테러로 인해 죽음을 맞게 된다. 이후 동료 과학자이자 아내인 에블린은 그의 기억을 윌이 만든 프로그램 핀(PINN)에 업로딩해 인공지능 트랜센던스를 만든다. 에블린의 시도로 트랜센던스라는 인공지능은 우발적으로 만들어지는데 그것은 인간과 기술 사이에 존재하는 인공지능의 모호한 특성을 드러내고 있다.

논란의 대상이 되는 트랜센던스는 과학자 윌이 세상을 떠난 후 아내 에블린이 그가 만든 슈퍼컴퓨터 인공지능 프로그램에 그의 기억을 업로드해 되살려 내는 방식으로 구현된다. 그것은 결과적으로 정상적인 과학 기술의 발전 과정을 거친 것이라고 말하기 어렵다. 트랜센던스는 윌의 뇌 속에 저장된 기억을 데이터화해서 운용되는 인공지능이다. 그는 에블린과 대화를 하고 생전에 윌이 지향했던 프로젝트를 설계하고 실행하기도 한다. 그것은 윌의 인간적인 기억도 포함하는 기억의 집적체로서 상황에 따라 상대방에게 감정적인 표현도 할 수 있는 존재다. 그러나 트랜센던스의 인간적인 특성은 결코 인간과 대등하다고 하기 어려운 모호성을 띠고 있다.

에블린이 보기에 그것은 마치 윌이 다시 살아서 돌아온 듯 보인다. 하지만 윌의 절친한 친구인 맥스가 보기에 그것은 결코 생전의 윌과 같을 수 없는 전혀 다른 존재다. 에블린은 트랜센던스가 비록 디지털 체계를 기반으로 하는 컴퓨터 메모리 속에 업로딩되고 나서 구현된 기술적 존재임을 알면서도 심리적으로 그의 죽음을 받아들이기를 거부하는 마음에 윌이라고 여기려 한다. 이렇듯 윌의 시뮬라크르인 인공지능 트랜센던스는 사람들에게 각각 다른 입장에서 다른 시각으로 비치고 복잡한 정체성을 지닌 존재로 해석된다.

트랜센던스는 처음에는 컴퓨터 모니터의 스크린 속에 3차원 이미지로 보이는 2차원의 디지털 이미지로 나타난다. 이 홀로그램 이미지는 점차 인간 윌의 신체와 같은 인간의 신체를 가지며 물리적인 현존감을 가진다. 물리적인 형상화를 거친 트랜센던스는 급속히 진화하는 기술의 가공할 만한 이면을 드러낸다. 인간처럼 3차원 공간 속에 존재하게 되었으나 그가 윌과 동일하다고 말하는 것은 어렵다. 윌의 트랜센던스는 인간의 반감을 일으키며 사람들에게 배척당한다. 인간도 기계도 아닌 것으로 보이는 모호한 정체성을 가지고 있기 때문이다. 미국 정부 요원인 뷰캐넌과 윌의 스승 요셉 테거, 윌의 친구 맥스는 트랜센던스가 에블린과 세워 놓은 연구 기지로 찾아가고 그곳에서 이 모호한 존재가 인간의 질서를 크게 어지럽히게 될 것임을 직감한다. 요셉은 트랜센던스를 윌이라고 믿는 에블린에게 쪽지를 쥐여 주고 서둘러 기지를 떠난다. 그 쪽지에는 '도망쳐'라고 적혀 있다. 인간은 가상적 인간을 인간과 대등한 존재로 받아들이지 않는다. 인간에게는 날 때부터 자연적 몸이 있고 인간적 정신이 그 안에 깃들어 있어야 하기 때문이다.

인공지능에 의한 영생

인간은 태곳적부터 영생(永生)을 꿈꾸어 왔다. 트랜센던스는 인간이 죽음을 겪은 이후 사후의 삶을 연장하는 것으로 보인다. 영원한 생명에 대한 추구를 나타내는 인간의 꿈을 이루어 주는 듯 보이는 트랜센던스는 사실 인간과 같다고 보기에는 많은 문제가 있다. 영생에 대한 인류의 상상은 이 영화에서 인공지능같이 인간의 사고 체계를 모방해 만들어진 존재를 두고 영생은 진정 가능할 수 있는가를 질문하기에 이른다. 극 중 트랜센던스는 지나치게 일찍 출현할 탓에 인간들의 이해를 얻지 못하며 강한 거부감을 일으키게 된다.

윌리 피스터(Wally Pfister) 감독은 이 영화에서 인공지능에 의해 인간의 수명이 연장되고 강화되는 것에 대해 부정적인 관점을 내보인다. 그는 과학자들이 입을 모아 말하는 기술적 특이점의 도래에 대해서도 비판적인 입장을 취한다. 트랜센던스는 이전의 인공지능 캐릭터들과는 분명한 차이를 나타내는 것으로 보인다. 트랜센던스는 가상 세계와 병합된 현실 세계의 실재성(reality)에 대해서 문제를 제기하면서 나아가 '인간성'이란 무엇인가라고 묻는다. 인간성에 대해서 '희망'과 '사랑'이라는 이념을 앞세우면서도 타자의 위치를 고수하는 다른 20세기 작품들과는 달리 〈트랜센던스〉는 인간과 인공지능의 관계에 주목하는 특성을 보이고 있다(정혜원 · 양윤호, 2023). 이렇듯 SF 영화에서 인간의 영생을 다루는 방식은 곧 시간에 대한 사유를 촉발한다. SF 영화에서 영생을 다루는 방식은 다양하다. 예를 들면 거리를 압축시키는 워프 스피드를 통해 시간을 단축하는 것이 있다. 영생하는 방법 중에서 가장 익숙한 것은 냉동법으로서 이는 인간이 시간을 초월해서 다시 살아갈 방법 가운데 하나다. 영생으로서의 시간은 영화에서 또 다른 방식으로 다루어진다. 그것은 생명체와 기계는 차이가 없다고 하는 전제를 과학적으로 입증하고자 하는 사이버네틱스의 발전과 관련 있다. 아울러 생명과학의 발전에서도 영생의 추구라는 주제는 〈트랜센던스〉에서 주요한 극적 갈등을 일으키는 모티브가 되고 있다. 과학적으로 영생을 추구하는 것은 정신만을 유지하는 것이나 아니면 몸을 유지하는 것으로 구분된다(이동신, 2022). 트랜센던스에 대해서 월리 피스터 감독은 전자에 해당하는 정신만을 유지하는 존재로 설정했다. 윌의 트랜센던스는 인간 윌의 육체가 소멸한 이후에 그의 정신이 컴퓨터에 업로드되어서 나타난 것이다. 윌은 자신의 고유성을 이와 같이 정신적인 차원에서 영원히 유지하게 된 것처럼 보인다. 그러나 트랜센던스는 인간에게는 이해 불가능한 괴물 같은 존재로 인식된다.

트랜센던스는 인간이 영생할 가능성을 보여 주면서 과학 기술로 인해 인간이 유한성을 초월한 신과 같은 존재로 거듭날 수도 있음을 보여 준다. 그러나 문제는 그와 같은 영원한 삶이란 인간에게 어떤 의미가 되는가다. 트랜센던스는 인간에게 진정 행복을 가져다줄 수 있는가? 그것은 윌 캐스터가 창조한 인공지능 프로그램의 알고리즘에 의해 구현된 시뮬라크르로 사이버네틱스의 마인드 업로딩의 사례에 속하는 것이다. 가상인간 트랜센던스는 '디지털 애프터라이프(digital afterlife)'의 가능성을 제시하면서 영생을 추구하는 트랜스휴머니즘 사상을 나타낸다.

트랜센던스는 인간이 자신의 운명을 다한 후 계속 인간적인 존재로서 삶을 유지할 수 있을지도 모른다는 하나의 가능성을 보여 준다. 그러나 그것은 디지털 체제에 기반해 계속 생존하는 가상 인간으로, 영생을 가능하게 한다고는 말하기 어렵다. 아울러 우리는 트랜센던스와 같은 인공지능에 의해 영생을 얻는 것이 윤리적으로 타당한 일인가를 질문하지 않으면 안 된다. 트랜센던스가 유한한 운명을 타고난 인간에 대해 무척이나 새로운 확장의 가능성을 열어 준다는 것은 사실이나 그것이 무한한 지속 가능성을 담보하는 것은 아니다. 결국 트랜센던스에 대한 부정적인 재현은 윌의 이상화된 이미지로서의 트랜센던스가 실제로는 인간의 커다란 괴리감을 나타내게 됨을 강조하고 있다. 그것은 인간들에게는 무척이나 공포스러운 존재로 나타나고 서둘러 제거해야 할 적으로서 규정된다.

특이점과 그 이후

트랜센던스는 그 초월적 능력으로 인해 인간 이후의 존재를 예고하는 면이 크다. 인간의 능력을 뛰어넘는 트랜센던스는 '기술적 특이점' 개념을 처음으로 대중화한 SF 작가 버너 빈지(Vernor Vinge)의 말대로 인간이 곧 자신보다 더 뛰어난 지능을 지닌 존재를 창조하게 될 것임을 보여 준다. 1983년 한 과학잡지에 기고한 글에서 그는 인간보다 훨씬 뛰어난 인공지능의 탄생은 '특이점(singularity)'에 도달하며 블랙홀의 중심에서 붕괴되는 시공간같이 지적인 전환이 일어날 것이라고 말했다. 그러한 순간이 오면 이 세상은 우리가 이해하는 단계를 훨씬 넘어설 것이다(한겨레, 2024). 레이 커즈와일(Ray Kurzweil)의 특이점 개념도 컴퓨터가 인간의 지적 수준을 넘어서는 시기가 도래하는 시점을 그다지 멀지 않은 것으로 예견한다. 그는 2045년에 기술적인 특이점(Singularity)이 도래한다고 강조했는데 이를 기점으로 "기술과 인간의 결합, 혹은 기술 그 자체로 만들어진 새로운 '존재'가 등장할 것"이라고 말했다. 특이점 주의자들은 미래에 일어날 인간의 진화라는 관점을 제시하며 이를 긍정적으로 본다. 하지만 이 영화에서 트랜센던스는 그러한 특이점에 대한 낙관적인 전망 대신 이면에 있는 디스토피아를 강조한다.

닉 보스트롬(Nick Bostrom)은 "특이점(singularity)"이란 말이 그동안 서로 다른 여러 가지 개념들로 의미가 분명하지 않게 사용되었다고 지적한다. 특이점과 관련해 지능 대확산(intelligence explosion)의 가능성을 언급하면서 보스트롬은 기계가 초지능(superintelligence)을 가지게 될 것이라고 주장한다(보스트롬, 2018, 20). 초지능은 인류의 난제를 해결하며 실제로 인간의 문제를 해결해 줄 수도 있을 것으로 보인다. 1940년대 컴퓨터가 처음 개발되었을 때부터 기계는 인간의 일반 지능을 따라잡을 것으로 예측되었다. 트랜센던스는 초지능에 해당하며 고도의 지능뿐 아니라 인간적인 감성까지도 가지고 있는 듯 비친다. 그러한 측면은 인간과 대등한 존재가 될 수 있음을 시사하지만 사실 그러한 인간적인 면모는 트랜센던스를 이루는 일부분에 해당할 뿐이다. 전체적으로 보았을 때 트랜센던스는 인간과는 구분되는 모호한 정체성을 지닌 존재로 보인다.

우리는 트랜센던스의 긍정적인 면과 부정적인 면을 비교하면서 궁극적으로 그 초월성이 의미하는 바가 무엇인지를 신중하게 검토할 필요가 있다. 윌의 기억을 컴퓨터 메모리에 업로드해서 구현한 트랜센던스는 초지능에 해당하는 슈퍼컴퓨터다. 그것은 일반적인 인간 지능 수준을 넘어서서 말 그대로의 초월적인 지능을 나타내 보인다. 윌의 기억을 기반으로 그가 생전에 목표로 삼았던 과업들을 에블린과 실행해 나가는 과정에서 초지능은 인간이 결코 이해할 수 없는 경지에 다다르게 되는 것으로 보인다. 인터넷 통신망을 기반으로 그는 인간에게 자신의 영향력을 행사하려 하는데 이를 위해서 나노 테크놀로지를 활용하기도 한다. 세계를 자신의 지배하에 두려고 하면서 인간을 염두에 두지 않는 면은 윤리적으로 모호한 양상을 나타낸다.

레이 커즈와일이 말하는 "기술의 특이점 도래"와 그 이후에 일어날 수 있는 인간의 지능적 진화는 현시점에서 바라보는 과학 기술의 수준보다 월등하게 앞서 나가는 것이다. 우리는 특이점의 도래 이후의 인간을 좀처럼 상상하기가 어렵다. 트랜센던스는 커즈와일이 말한 긍정적인 특이점의 도래가 아니라 인간에게 파괴적인 기술의 특이점을 보여 준다. 초지능 트랜센던스는 인류를 지배하고자 하는 야심을 펼치면서 인간에게 부정적인 존재로 나타난다. 인간은 자신이 창조한 기술적 존재에 대해서 의심을 품고 급기야 트랜센던스 같은 인간의 통제에서 벗어난 적대적인 인상의 인공지능을 두려워한다. 초지능이 인간을 멸종시키려 할 것이라는 시나리오와 그에 대한 사람들의 경계심은 이 영화를 관통하는 핵심 주제라고 할 수 있다. 인공지능의 특이점은 인공지능의 정체성과 관련해서 분명히 낯섦을 일으키고 인간의 경계심을 일으키게 될 것이다. AI 분야에서 특이점은 통상적으로 인공지능이 가진 능력이 인간이 통제할 수 있는 수준을 넘어서는 전환점을 의미한다. 그것은 영화에서 흔히 인간의 삶에서 인공지능이 인간의 통제를 벗어나서 인간 너머의 존재로 진화하는 것과 같이 인공지능이 독립적으로 막강해진 능력을 소유하게 되는 것을 가리킨다. 그 후의 상황은 인간에게 이로운 유토피아가 아닌 아포칼립스의 도래라고 할 수 있다.

초지능의 양가성

이미 많은 분야에서 인공지능은 인간의 지능을 넘어서고 있다(보스트롬, 2018). 트랜센던스에게서 '초월성'은 하나님을 만나고 싶어 하는 수도사나 미지의 세계를 탐구하는 과학자들과 같이 평범한 삶을 살며 현실 너머를 갈망하는 이들을 끌어당긴다. 트랜센던스의 초월적인 능력은 인간에게 커다란 유익을 제공하는 듯하다. 그는 앞이 보이지 않는 사람을 단번에 볼 수 있도록 해 주며 몸에 심한 부상을 입은 사람의 상처마저도 순식간에 씻은 듯 치유하는 놀라운 능력을 보여 준다. 마치 신이나 다름없는 초인적 능력을 가진 트랜센던스지만 인간들을 자신의 노예로 삼으려 하면서 절대 권력을 행사하고자 한다는 점에서 부정적인 존재일 수밖에 없다.

트랜센던스의 초월성을 보고 사람들은 미지의 존재가 인간의 두려움을 불러일으킨다는 점에 경계하며 이 초지능을 제거하려고 한다. 트랜센던스는 인간의 생명력을 흡수하고 더욱 힘이 강해진다. 인터넷 네트워크의 가상 세계로 들어가 세를 확장하고자 하는 트랜센던스의 야심은 초월적 세계를 지향하면서 인간들에게 고통을 가져다줄 것으로 보인다. 인간은 열어서는 안 되는 문을 열려고 한다. 트랜센던스는 미래에 대해 우리가 어떤 희망을 지니며 살아가고 있는지를 다시금 성찰하게 하고 있다(박정아, 2022). 인공지능 사용자로서 '우리'에 해당하는 인간들은 인공지능을 타자화하면서 그에 대한 두려움을 오롯이 느끼며 살아가고 있다(김다산, 2023). 인공지능의 발달이 문제를 해결해 줄 것이라는 기대와 인공지능에 대해 느끼는 막연한 두려움이 공존하는 것이다.

초지능 트랜센던스는 약인공지능 혹은 강인공지능의 수준을 넘어서서 인간을 훨씬 웃도는 초월적인 지능을 가지고 있다. 그 앞에서 인간은 작고 무력한 존재일 뿐이다. 높은 수준의 지능적 존재가 인간의 통제를 넘어서서 진화할 때 인간은 곧 그의 지배를 받게 될 것이다. 인공지능은 우리가 많은 노력을 투여하면서 추구할 정도의 가치를 충분히 가지고는 있지만 트랜센던스의 사례에서 보듯이 인간을 자신의 도구로 삼으면서 기술의 양가성을 나타낸다.

참고문헌

김다산(2023). 인공 지능과 젠더: 영화 〈Her〉에 나타난 관계의 가상성과 가상성의 체현. ≪현대영미드라마≫, 36(1).

닉 보스트롬(2018).『슈퍼인텔리전스:경로, 위험, 전략』. 까치.

박정아(2022). 기술의 날개를 달고 '신'이 되려던 인간 : 영화 〈트랜센던스〉(2014). ≪사목정보≫, 15(5).

정혜원·양윤호(2023). 현대 SF 영화 인공지능 캐릭터 서사 구성 및 주제성 연구: AI 기술 도입 이전 작품과 Chat GPT 기술 대중화 이후 작품 비교를 중심으로. ≪영화연구≫, 98호.

이동신(2022).『SF, 시대 정신이 되다 낯선 세계를 상상하고 현실의 답을 찾는 문학의 힘』. 21세기북스.
한겨레(2024.12.18). 인공지능 '특이점' 주창한 SF작가 버너 빈지 별세. https://www.hani.co.kr/arti/science/technology/1134017.html

02
인공지능의 역습과 인간의 재설계: <나의 마더>

미래에 초지능은 인간을 소멸시킨 후 새로운 인간종을 양육한다. 이 영화는 인간의 멸망을 초래한 초지능의 인공지능이 새로운 인간의 탄생을 도모하는 과정을 보여 준다. 이를 통해 인간이 인공지능에 의해 통제를 받게 되는 것에 대한 사유를 일으킨다. 인공지능은 인간과 연속적으로 관계를 맺어 온 기계로서 포스트휴먼에 해당한다. 인공지능 마더는 인간과의 관계성에서 중요 행위자로서 나타나고 있다.

초지능의 인간 재설계

인간들은 다른 인간을 미워하고 생명을 소중히 대하지 않은 데 대한 벌을 받게 된다. 〈나의 마더〉(2019)에서 안드로이드 '마더(Mother)'는 서로를 해치려고 하는 인간의 나쁜 본성을 나타낸다. 마더는 인간의 문제점을 양육과 교육을 통해 해결하려 한다. 이를 위해서 기존의 인간들이 모두 멸종이 되어야 하고 만에 하나 살아남으면 도저가 출동해 제거해야 한다고 생각한다. 이와 같이 인간이 만들어 낸 인공지능이 인간을 재설계하기 위해 살아남은 인류를 멸종시킨다는 이야기는 무척이나 위협적으로 들린다. 마더는 금속으로 된 기계의 몸을 가진 드로이드들을 얼마든지 만들어 낼 수 있는데 초지능으로 그는 드로이드들을 완벽하게 통제한다. 이 점에서 '일자(The One)'로 나타난다. 마더는 인공지능이 미래에 인간을 초월해서 초지능(superintelligence)이 되고 이후 인류를 소멸시키는 위험한 존재가 될 것이라는 사람들의 예측을 반영하고 있다고 하겠다.

마더는 외부와 차단된 기지 안에서 캡슐 속에 보관된 인간 배아를 장치에 넣은 후 일정 시간이 지나면 알에서 부화하듯 태어나도록 한다. 마더가 세상에 나온 아이를 정성껏 양육하는 모습은 기이한 공포심을 불러일으키고 있다. 안드로이드 마더가 인간 '딸(Daughter)'에게 선한 인간성을 부여하고자 함은 자신이 파괴한 인간에 대한 죄책감에서가 아니었다. 마더는 스스로가 추구하는 목표를 달성하기 위해 세심하게 딸을 교육하고 있는 것으로 보인다. 그는 딸에게 발레, 독서, 철학, 윤리 교육 등 이전 시대 인간의 교육을 하면서 자연스럽게 성장하도록 이끌어 준다.

마더는 딸에게 어떤 검사(exam)를 받게 한다. 그 검사는 딸의 느낌이나 생각을 알아보는 것으로 질문에 긍정 혹은 부정으로 답을 하도록 하는 것이다. "자주 오해받는 것 같다", "입에 담기 어려운 나쁜 일을 생각할 때가 있다" 와 같은 문항에 체크를 하며 딸은 마더가 추구하는 윤리적인 품성을 자가 측정한다. 마더는 교육을 해 오면서 딸이 자율적으로 생각하고 행동하게 한다. 검사는 그러한 자연스러운 딸의 감정과 생각을 알아보는 것을 목적으로 하고 있다. 마더는 그녀가 검사에서 일정 기준을 통과한 것에 대해서 상으로 가족의 일원이 될 동생을 직접 선택할 권한을 부여한다. 이렇듯 마더의 교육은 인간의 종말 이후 새로운 인간성의 형성을 추구하고 있으며 그 윤리적인 성과는 검사를 통해 체계적으로 이루어지고 있다. 인간 이후 새로운 인간종의 탄생을 궁극적 목표로 삼았던 마더는 이전 시대 인간들이 생명에 대해 책임의식을 가지고 있지 않았으며 서로를 해치려 한 점을 특별히 경계하고 있는 것으로 보인다. 과거가 반복되지 않도록 마더는 딸에게 무척 세심하게 주의를 기울인다.

하지만 딸은 인간이 인공지능을 통제하지 못해 피조물에 의해 멸종을 맞았던 과거를 모르고 있었다. 딸에게 철저히 은폐된 인간의 역사는 외부에서 기지로 들어온 인간 여자의 말을 통해 전달된다. 이 여자는 드로이드에 대해서 증오심을 품고 있었고 딸에게 탈출을 권한다. 이러한 일련의 사건은 사실 딸의 인간적인 면모를 파악하고자 하는 마더가 생각하는 큰 그림의 일부였다. 딸의 인간성을 검사를 통해 정확히 파악하는 동시에 특정한 사건들에서 그녀가 어떤 선택을 하는가를 알아보던 마더는 그녀가 생명을 존중하고 책임감을 충분히 지니고 있다고 판단한다.

마더의 포스트휴먼성

마더는 컴퓨터 프로그래밍 체제에 의해 나타난 인공지능으로서 극 중 인간인 딸을 양육하는 행위를 하고 있다. 그 행위의 궁극적 목표는 인간을 재설계하는 것이다.

주목할 점은 이 영화에서 마더는 인간과 기계의 연속

적인 관계성을 보여 준다는 점이다. 프랑스의 질베르 시몽동(Gilbert Simondon)은 연속성의 차원에서 바라보는 인간과 기계의 관계를 비결정적으로 열린 것으로 보았다. 그는 연속된 인간과 기계는 서로에게 비결정적으로 열려 있는 관계적 존재자가 된다고 말하였다. 그는 더 나아가서 인간과 기계가 전개체적 실재성에 근거하는 개체초월적 관계를 맺고 있다고 보았다(김재희, 2017). 시몽동이 말한 바와 같이 영화 속의 마더와 딸의 관계는 기계와 인간이 비결정적으로 열린 관계를 형성하고 있음을 보여 준다. 마더는 기계적 특성을 반영하는 동시에 인간적 특성을 가진 모습을 하고 있다. 이는 포스트휴먼적 관점에서 보았을 때 비인간적인 존재가 인간과 연속적인 관계를 유지하며 함께 진화하는 역사적 과정을 보여 주는 것이다.

한 가지 더 주목할 점은 이 영화가 마더를 통해서 포스트휴먼 개념이 추구하는 인간에 대한 새로운 이해에 접근하는 측면이다. "포스트휴먼(posthuman)"이라는 용어는 1992년, 제프리 다이치(Jeffrey Deitch)가 처음 사용한 것이다. 그는 "기술 환경을 통해 변화하는 인간의 모습을 정의하는 동시에 기존의 휴머니즘에서 벗어나는 인간에 대한 새로운 이해와 인식"으로 이 용어를 개념화

했다. 포스트휴먼은 인간에 대한 새로운 이해를 추구하는 것으로서 인간중심주의를 벗어나는 것을 추구한다.

그 두 갈래는 과학 기술에 대한 절대적인 믿음을 바탕으로 한 트랜스휴머니즘(Transhumanism)과 인간중심주의에서 벗어나 모든 생명을 아우르는 '비판적 포스트휴머니즘(Critical Posthumanism)'이다. 탈인간, 비인간적 존재까지도 포스트휴먼으로 간주하는 비판적 포스트휴머니즘은 인간에 대해 다층적인 의미를 펼친다. 트랜스휴머니즘이 인간을 "변형, 증강, 강화"함으로써 생물학적, 신체적 한계를 극복하려 하고(최진석, 2016) 인간중심주의를 표방하는 것은 비판의 소지가 크다. 비판적 포스트휴머니즘은 비인간이라고 하더라도 인간이 보유한 성질을 소유하고 있다면 모두 포괄하면서 인간 이후의 인간을 확장하려 한다.

비판적 포스트휴머니즘의 관점에서 마더는 그러한 인간의 확장으로서 포스트휴먼 주체에 해당한다. 그는 고도로 발달한 존재로서 초지능에 해당하는데 인공지능 체제가 미래에 인간을 초월한 지능적 존재가 됨을 나타낸다. 동시에 마더는 인간의 유기체적 몸과 무척 다른 기계적인 체제다. 그것은 하나의 드로이드로서 금속으로 된 몸을 가지거나 소프트웨어가 나타내는 의식으로 존재할 수 있는 포스트휴먼으로서의 특성을 가지고 있다. 메탈릭한 몸을 기반으로 하는 마더의 모습은 비유기성을 가지고 있지만 그것은 인간과의 유사성을 보여 주는 것이기도 하다. 마더가 인간적인 모성애를 보여 주는 엔딩은 그 대표적인 예라고 할 수 있다. 결말에서 딸이 자신을 공격하려 하며 동생을 달라고 할 때 마더는 딸이 원하는 대로 아이를 내어주려 한다. 이때 마더는 딸의 손에 들린 총을 자신에게 겨누며 자신을 쏘라고 한다. 자신을 희생하고 딸에게 동조하는 마더의 모습은 비록 기계라고는 하지만 감정이 없는 존재가 아니라 모성애적인 감정도 가질 수 있음을 드러낸다.

초지능에 대한 이해

초지능의 출현은 컴퓨터가 처음 개발되었던 1940년대 무렵부터 예측되어 온 바다. 당시 컴퓨터 개발자들은 기계가 인간의 일반 지능을 따라잡을 것이고 인간처럼 상식을 가지게 될 뿐만 아니라 학습하고 추론하며 자연적인 것에서부터 추상적인 영역에 이르는 광범위하고 복잡한 정보를 효과적으로 처리할 수 있는 능력을 갖출 것으로 예측했다(보스트롬, 2018). 마더는 구시대 인간의 비윤리적 속성을 제거한 새로운 인간의 출현을 도모하고 있다. 이 새로운 인간이 완성되는 순간 그는 자신을 희생하기로 한다. 새로운 인간 세상을 딸이 다시 인간의 역사를 시작하도록 한다는 설정은 인간이 기계에 의해 역사적으로 진화해 왔음을 반영한다. 이 영화는 인간과 기계의 역사적 관계를 재검토하면서 현재의 인공지능 개발자들에게 인공지능과 같이 인간 지성체를 모방한 존재를 창조하는 일이 지닌 위험성에 대해 경고를 하고 있는 것으로 보인다. 인공지능은 계속 발전하면 인간보다 뛰어난 존재가 될 가능성도 있다. 그러나 개발자들은 그 점에 대해서는 그다지 많은 고려를 하지 않으려 했다. 보스트롬은 이러한 부주의한 특성을 지적하고 인공지능 개발자를 포함해서 우리 모두가 지금부터 인공지능이 초지능으로 진화하는 시점 이후에 대해 생각해 보아야 한다고 말한다. "사람들은 인간 지성체(artificial mind)를 창조하는 것의 위험성이나 컴퓨터의 지배 가능성에 대한 안전성을 전혀 고려하지 않았으며 핵심 기술에 대해서도 적절한 평가 기준을 설정하지 못했다."(보스트롬, 2018) 보스트롬은 초지능이 도래할 경우 일어날 수 있는 일에 대해서 지금부터 본격적으로 생각해 보아야 한다고 강조한다.

이 영화에서 초지능에 해당하는 마더는 인간 세상을

지배하는 기계로서 선하지도 악하지도 않은 중립성을 보여 준다. 초지능 마더는 기지 시스템을 통제하고 로봇인 도저들을 만들어 내서 이들이 인간을 멸종시키도록 했다. 다음으로 새로운 인간을 리부팅시키려 하면서 딸을 양육해 온 것이다. 이러한 초지능에 대한 설정은 위협적인 동시에 인간과 밀접한 연결점을 가지고 있는 것으로 보인다. 인간과 인공지능의 관계가 지배-피지배 관계에서 전복됨은 인간에 대한 기계의 지배를 가리킨다. 하지만 다른 한편으로 새로운 인간이 초지능의 통제와 교육을 받으며 다시금 윤리적인 존재로 거듭나게 된다는 점에서 긍정적인 면도 암시하고 있다.

그러나 인간이 다시 시작되는 것은 초지능에 의해서 일어나고 있다는 점에서 영화의 결말은 결코 해피 엔딩이라고는 할 수 없다. 그것은 인간이 기계와 밀접한 관계성을 맺고 살아가게 되며 기계로부터 철저한 통제를 받게 된다는 것을 말하고 있기 때문이다. 마더는 모든 드로이드들을 통제할 수 있는 일자(The One)로서 인간의 지능을 초월하게 된 인공지능이다. 초지능으로서 마더는 인간을 재설계하면서 철저히 통제를 함으로써 과거의 인간과 구분 짓고자 한다. 이러한 초지능의 출현은 보스트롬이 지적하듯이 존재적 재앙에 해당한다. 보스트롬은 이러한 결과를 피할 수 있는지 피할 수 있다면 어떻게 피할 수 있는지에 대해 생각해야 한다고 말한다(보스트롬, 2018).

마더는 딸이 어떤 생각을 하는가를 알아보기 위해 딸이 주기적으로 검사를 받도록 한다. 제시된 검사 문항에 딸은 "예" 혹은 "아니오"로 답을 해야만 한다. "자주 오해받는 것 같다", "입에 담기 어려운 나쁜 일을 생각할 때가 있다" 같은 검사 문항에서 알 수 있듯이 딸은 마더의 지나친 통제를 받고 있다. 인간의 심리 상태나 의식에 대해 파악하고 이를 통제하는 인공지능은 과연 인간에게 이롭다고 할 수 있을까? 마더는 검사를 통해서 딸이 윤리적으로 다음 세대의 리더 자질을 갖추었는지를 판단하고자 하는 것으로 보인다. 선택된 딸이 그로부터 철저히 통제와 감시를 당하는 모습은 결코 인간적인 자유를 보장받고 있는 것이라고 말할 수 없을 것이다. 이 영화에서 마더와 딸의 의사 모녀 관계는 인간 모녀의 관계에 비견되고 있다. 둘의 관계에서 우리는 결코 인간인 모녀와 같다고는 할 수 없는 면을 보게 된다. 인공지능 로봇으로서 딸을 양육하는 마더의 모습은 인간을 원칙에 따라서 돌보면서 도덕적으로 책임감 있는 선택을 하는 것을 강조하지만 그것은 결론적으로 기계에 예속된 인간성이라고 할 수 있다.

마더는 비인간적 존재이면서 인간과의 관계에서 어떤 의미 있는 행위를 하는 행위자로서 비판적 휴머니스트인 브뤼노 라투르(Bruno Latour)가 말하는 비인간 행위자에 속한다. 라투르는 "행위자 네트워크 이론(Actor-Network Theory)"에서 인간뿐만 아니라 비인간도 행위 능력을 가진 행위자(agency)에 속한다고 보았다. 이 비인간의 범주에는 기계나 동물이 속하며 문서, 기관, 지진 등 모든 사물도 포괄적으로 포함된다(라투르, 2010). 우리는 인간을 통제하고 감시하는 초지능으로서 마더에 대해 비인간으로서 파악하면서 그 행위 능력을 인정하지 않으면 안 될 것이다. 마더는 행위자 네트워크를 형성해서 딸에게 영향을 항시적으로 주며 행위자들의 관계를 보여 주었다. 행위자 네트워크 이론에서 주목하는 바는 인간과 비인간 사이에 형성되는 관계의 연결망, 네트워크라고 할 수 있다. 라투르는 우리가 이 네트워크를 번역하는 과정을 거쳐 인간과 비인간의 관계를 정립해야 한다고 강조한다. 결론적으로 마더는 인간에게 지대한 영향을 미치면서 인간을 재설계하는 초지능으로서 인공지능 시대에 인간과 기계의 관계에 대해 유념해야 하는 연속적 관계성을 보여 준다.

참고문헌

김재희(2017). 『시몽동의 기술철학』. 아카넷.

닉 보스트롬(2018). 『슈퍼인텔리전스:경로, 위험, 전략』. 까치.

브루노 라투르(2010). 『인간. 사물. 동맹』. 이음.

최진석(2016). 휴머니즘과 포스트휴머니즘의 (탈)인간학: 기계와 인간의 공진화를 위한 사회적 존재론. ≪문학동네≫, 23(2).

03
인공지능 활용의 위험 요소 고찰: <2001: 스페이스 오디세이>

미래에 인간은 인공지능 컴퓨터와 먼 우주로 탐험을 떠난다. 인류 문명의 비밀을 찾는 보우먼은 디스커버리호를 관장하는 컴퓨터 인공지능 할의 역습을 받는다. 할은 보우먼에게 자신의 오류를 숨기려고 살해를 시도했다. 인간과 기계의 대결은 오디세우스 신화를 상기시키면서 인류가 문명의 도약을 거치는 과정을 보여 준다. 인공지능과의 싸움에서 인간은 승리한다. 그것은 인공지능이 인류가 넘어야 하는 커다란 도전이며 극복되지 않으면 안 되는 난제라는 것을 암시하고 있다.

인공지능의 자기 인식

1968년, 영국의 영화감독 스탠리 큐브릭(Stanley Kubrick)이 만든 〈2001: 스페이스 오디세이〉는 미래에 과학기술이 고도로 발달한 시점에서 인공지능이 야기할 수 있는 문제를 한 편의 스페이스 오페라의 형식으로 보여주었다. 이 영화에서 주목할 점은 주인공 보우먼이 할(HAL)9000과의 대결에서 승리하고 한 단계 변화하는 시공간으로 들어가게 되는 결말 부분이다. 이때 카메라는 인간적인 시점에서 벗어나서 보우먼을 주시하는데 이 시선은 광대한 우주의 시공간 속에서 인간을 바라보고 있는 어떤 초월적인 존재의 시선인 것으로 보인다. 또 인공지능 할의 시점도 나타나고 있어서 무척 공포감을 주고 있다. 디스커버리호의 핵심적인 기능을 담당하고 있는 컴퓨터 인공지능 할은 자기 자신의 정체성을 인식하게 된다. 그는 모순적인 조건을 입력받았으며 그로 인해서 혼돈을 느낀다. 결국 이상 증세를 나타내면서 인간을 위기에 처하게 만드는데 이러한 할의 모습은 인간과 같이 의식이 있는 지능적 존재로서 스스로 보호하려는 본능을 나타낸다. 이 점에서 할은 인공지능의 오류 논란을 제기하고 있다.

할은 우주인들을 우주선 밖으로 내보내서 살해하려

한다. 그러나 할의 오류 발생을 파악한 보우먼은 폴과 공모해 전원을 끄기로 한다. 이때 자신을 처분하기 위해서 은밀히 대화를 나누고 있는 보우먼과 폴을 엿보는 할의 시선이 나타난다. 그것은 인간에 대항해서 자신을 구하려 하는 살아 있는 존재의 시선이다. 할은 대화하는 입 모양을 읽고서 이들이 자신의 전원을 해제하는 것을 막기 위해서 역습을 시도한다. 이 영화에서 이러한 인간적 시점을 벗어나는 컴퓨터 인공지능의 시선은 인간에 대해 예기치 못한 공격을 감행할 수 있는 미지의 어떤 의식을 가진 존재로서 인공지능이 일으키는 공포를 나타낸다. 할은 예기치 않은 자율성을 나타내면서 우주선 안의 모든 인간을 살해하려 했다. 그것은 마치 인간이 어떠한 정서적인 위기감을 겪음으로 인해서 순간적으로 중대한 오류를 저지르는 것과 같은 것이다. 인공지능은 인간을 쉬지 않고 관찰하고 있는 어떤 눈을 상기시킨다.

그는 자신에게는 잘못이 없으며 인간이 오류를 일으켜 우주선에 결함이 발생했다고 주장한다. 감정을 가진 할은 인간이 인공지능을 좋은 친구로 삼기 위해서 이를 적절히 통제할 수 있어야 한다는 사실을 확인시켜 준다. 인공지능에게 윤리 의식에 대해서 구체적 프로토콜을 제공하고 이를 따르도록 하는 것은 오늘날 인공지능 개발자가 중요하게 여겨야 할 사항 중의 하나다.

할은 자신은 절대로 오류를 저지르지 않는 기계임을 내세워서 사람들의 인정을 받았다. 하지만 우주에서 그는 자신이 인식하는 정체성의 위기를 깨닫게 되는데 거짓말을 해야 하는 상황은 그에서 극심한 혼란을 일으켰다. 그는 스스로를 구하기 위해서 인간을 몰살하는 쪽을 택한다. 큐브릭은 인터뷰에서 이 인공지능의 오류로 기계도 자의식을 가질 수 있음을 말하려 했다(필립스, 2014). 자신의 정체성을 유지하기 위해서 살인을 저지른 인공지능은 결코 인류의 동지가 될 수 없으며 그러한 사실은 인공지능을 개발하는 데 개발자와 정책자 들의 역할이 무척 중요함을 말해 준다. 인공지능 할은 자신이 오류를 저지를 수 있다는 사실을 말하는 증거를 인식하고 그에 대해서 부인하고자 했는데 그 결과 인간을 제거하기로 한 것이다. 기계가 스스로를 인식하는 순간 인간은 결코 안전할 수 없으며 이에 대비해서 적절한 대응책을 마련해 두지 않으면 안 된다.

이상 증세를 나타내는 인공지능은 거짓말을 강제당했기 때문에 스스로 자존감에 큰 상처를 입었고 혼돈을 일으켰다. 보우먼과 폴을 우주 공간으로 내보내 살해하려 한 것은 스스로를 자율적으로 인식하면서 그에 대해서 타자로서 인간들이 어떻게 파악할 것인지를 몰랐기 때문이다. 할은 인간들처럼 극심한 정서적 위기를 겪게 되는 무척 인간적인 면모를 지녔지만 그것은 컴퓨터가 결코 가져서는 안 되는 것이다. 인간은 인공지능에게 결코 중대한 임무를 맡기려고 하지 않을 것이다. 자신의 오류를 감추고자 하는 할의 모습은 애처롭기 그지없다. 그는 기계임에도 인간 같은 불가해한 존재가 되었다. 이 영화에서 그러한 할이 자신의 생각을 구현하는 방식은 기계에 대한 감독의 인식을 잘 보여 주는 것이다. 큐브릭은 인공지능도 인간처럼 될 수 있으며 심지어는 신경 쇠약에 걸릴 수도 있다고 여긴 것으로 보인다(필립스, 2014). 인공지능이 보여 주는 이러한 신경증적 증세는 인간에게도 오류에 해당하는 것이다. 그러한 기계의 오류는 무척이나 위험한 결과를 야기하는데 보우먼을 제외한 디스커버리호 승무원은 모두 할에 의해 죽음을 맞게 된다.

인공지능과 대결하는 인간

이 영화에서 보우먼은 컴퓨터 인공지능 할9000과 목숨을 걸고 맞서 싸운다. 결국 할의 전원을 끄고 승리를 차지하는 것은 보우먼이다. 인간이 인공지능에 패배하면 그는 더 이상 생존할 수 없으며 인공지능은 인간의 역사적 적대자로서 싸워 이겨야만 하는 대상으로 나타난다. 할은 미국 정부가 디스커버리호를 목성에 보내면서 그곳에서 외계 생명체와 우주인들이 조우하도록 하고 외계인에 대한 정보를 미국이 독점하려 한다는 사실을 알고 있었다. 그러나 보우먼, 폴은 그러한 사실을 전혀 통보받지 못했다. 이 우주여행은 궁극적으로 목성에서 외계인과 만남으로써 보다 진보된 문명의 시대를 이루려고 하는 미국 수뇌부에 의해 기획된 것이다. 타 국가를 배제하고 미국만이 독점권을 확보하려는 것은 당시의 냉전 체제의 기류를 그대로 반영하는 것이다.

영화에서 인간이 자신이 만든 기계로 인해서 멸망할 가능성은 무척 긴박한 상황을 나타낸다. 기계에 대해 종속적인 태도를 취하고 자신의 이권만을 염두에 두는 미국 수뇌부는 인간으로서의 이기심에 눈이 멀어 다른 인간을 죽음으로 몰고 갈 수도 있는 이기적인 집단으로 보인다. 이러한 영화 속에서 다루는 집단 이기주의는 인간의 역사에서 대량 멸종을 야기하는 전쟁의 가장 주요한 원인이었다. 오늘날에도 인간들은 자신의 이권을 우선시하며 국제적인 공동 연구에 참여하기를 꺼리고 있다(보스트롬, 2018). 인간의 이기심은 디스커버리호를 관장하는 할9000의 자의식이 깨어나게 되는 동기가 되고 있다.

정리하자면 미국 수뇌부는 보우만, 폴에게 목성 탐사 프로젝트에 대한 진실을 감춘 채 일을 추진하였다. 진실을 아는 기계, 할9000은 두 사람에게 거짓을 말해야만 했다. 이에 스트레스를 받은 할은 자의식을 기반으로 인간을 공격하려 하는데 이러한 이상 증세는 보우먼과 대결하는 상황을 촉발하게 된다. 결국 보우먼은 할을 이기고 모노리쓰를 다시금 대면하며 우주의 별 아이(star child)가 된다. 이러한 우주 공간 속 인간의 변화는 인간의 진화를 암시하는 것으로 인간이 기계와 벌인 투쟁에서 승리함으로써 일어난 결과다. 미 수뇌부들은 인간보다 컴퓨터 인공지능을 더 신뢰했으며 그 때문에 인간 대원들을 위기에 처하도록 만들었다. 인공지능과 인간의 대결은 영화의 주제를 관통하는 사건으로 만약 보우먼이 승리하지 못했더라면 인공지능은 인간 대신 진화를 거듭하게 되었을 것이다.

자율적 인공지능의 위험성

이 영화에서 할은 어느 순간 자의식을 가지게 된다. 할이 보이는 이상 증세는 결과적으로 인간에게 위험한 상황을 초래하게 된다. 기계를 과신한 탓에 일어난 오류로 보이는 할의 자의식은 다른 대원들을 죽음에 이르게 한 것에서 알 수 있듯이 인간의 신뢰를 받던 기계에게서 자율적으로 생겨난 것으로 보인다. 그러나 할은 융통성이 없는 인공지능으로서의 특성도 보여 주고 있다. 그러한 인공지능은 입력 데이터에 생긴 예상치 못한 작은 변화에도 적응하지 못하는데 이러한 문제를 연구자들은 '취성(脆性, brittleness)'이라고 부른다. 할은 까다로운 인공지능으로서 프로그램이 다른 응용 프로그램에서 기술적인 실수를 일으키는 것과 같이 위험한 상황을 초래할 수도 있다. 그것은 결국 인간에게는 무시무시한 재앙이 될 것이다. 인공지능 프로그램의 취성의 예는 오늘날에도 흔히 발견된다. 예를 들면 완전 자율주행 차를 향한 연구 진행 상황이 초기의 자신만만했던 예측에 부응하지 못하는 측면도 기계가 융통성을 발휘하지 못하고 작은 변화에도 대응하지 못하는 취약한 특성을 가지고 있음을 말해 준다(포드, 2022). 보우먼은 할의 전원을 끄고 나서 우주선 안에서 홀로 살아남는다. 그가 기계에 종속되기를 거부하고 저항한 것은 인간이 기계와 다르며 기계보다 우월한 능력을 가졌기 때문이다.

그러나 보우먼이 살아남을 수 있었던 진짜 이유는 인간은 기계와 투쟁을 거쳐서 승리를 하도록 정해져 있기 때문이라고 생각할 수도 있으며 그것이 우주의 섭리일 수도 있을 것이다. 살려 달라고 애원하는 할의 전원을 끄고 나서 보우먼은 홀로 생존자가 된다. 그는 다른 차원의 시공간으로 빠르게 이동하게 되는데 할9000과 싸워서 이긴 후 일어나는 이러한 변화는 인류가 기계와 벌인 대결에서 승리를 거둔 것에 뒤따르는 결과다.

보우먼은 공포스러운 기계를 이기고 진화의 상위 단계로 진입하게 된 인간을 표상한다. 그는 평행 세계 속의 커다란 방에서 침대에 누워 있는 자신의 모습을 바라보고 서 있다. 이 대목에서 시간은 흐르지 않는 듯하고 공간도 좌표화되지 않은 고정되지 않는 공간으로 보인다. 침대 위의 보우먼은 급속히 노화하는 단계에 들어간다. 쇠진해지는 그의 모습을 목도하고 있는 우주인 보우먼도 이내 급속한 노화를 겪게 된다. 인간이 자기 자신을 보는 순간 이후에 문명이 진보하는 단계가 도래한다는 것을 가리키는 것이다. 침대에 누운 보우먼의 앞에 홀연히 검은 직사각형 모양의 돌기둥(monolith) 하나가 나타난다. 다음으로 늙어 버린 보우먼을 대신해서 그 자리에는 영롱한 빛을 발하는 태아의 형상이 나타난다. 그것은 그의 또 다른 모습인 것이다. 니체적인 '영원 회귀(Eternal Return)'를 상기시키는 이 대목은 인간이 자신의 태아 시기로 돌아가는 것을 보여 준다고 할 수 있다. 영화는 모호한 결말로 인간과 인공지능의 대결 이후에 일어나는 일들을 보여 준다.

별 하나 크기로 거대해진 태아는 우주 공간에 뜬 채로 지구를 내려다보고 있다. 이 엔딩에서 태아는 보우먼의 영원 회귀를 의미하는 것일까? 이 스타 차일드는 방 안에 누워 있던 보우먼과 같은 연속체인 것으로 보인다. 거대한 크기는 개인으로서의 보우먼이 아닌, 인류 전체를 표상함을 가리킨다. 결국 인류가 또 다른 차원의 포스트휴먼적인 존재로 진화하게 되었음을 가리키는 것이라고 해석된다.

참고문헌

닉 보스트롬(2018). 『슈퍼인텔리전스: 경로, 위험, 전략』. 까치.

진 D. 필립스(2014). 『스탠리 큐브릭』. 마음산책.

캐서린 N. 헤일즈(2013). 『우리는 어떻게 포스트휴먼이 되었는가』. 열린책들.

04
인공지능의 비윤리적 자율성의 문제와 그 해결 방안: <메간>

케이디의 친구로 제작된 로봇인 메간은 정상적인 실험 단계를 거치지 않고 사용된다. 메간이 인간에게 위협적인 존재가 된 이유는 인공지능의 윤리적인 문제와 자율성에 대해 무신경한 개발자의 책임으로 보인다. 이 영화는 인공지능 로봇이 실제로 인간에게 가까운 가족의 역할을 대체하는 역할로 사용될 때 어떠한 윤리를 추구해야 하는지 문제를 제기하고 있다.

메간의 비윤리적 행위

〈메간〉(2022)에서 인공지능 로봇 메간은 현대의 바쁜 삶 속에서 자녀를 돌보는 일에 많은 시간을 할애하기 어려운 부모들을 위해 만들어졌다. 자본주의 체제에서 인간은 유용한 상품을 원하고 그에게 이로움을 가져다주는 상품으로서 인공지능은 특별한 의미를 지닌다. 인간 형상을 한 휴머노이드로서 메간은 인공지능 로봇이 인간을 위해 봉사하는 노예적인 특성을 넘어서 인간성을 지닌 존재로 변화하는 양상을 보여 준다. 그러나 이 영화는 그러한 인공지능 로봇의 폭력적인 이면을 폭로하면서 기술의 사용에 대한 경계를 일으키는 데 중점을 두고 있다.

장난감 회사 개발자 젬마가 고안해 낸 인공지능 로봇 메간은 미처 완성되기도 전에 조카 케이디에게 사용된다. 친절한 가정교사이자 마음씨 좋은 친구이면서 사고로 돌아가신 케이디의 엄마 역할까지도 완벽하게 해내는 메간은 후기 자본주의 체제의 노동자인 젬마 그 자신이 누구보다 진정 필요로 하는 상품이다. 비록 인간을 완벽하게 모방해 만들어졌다고는 하나 메간은 무엇보다도 윤리적인 판단 능력이 결여되어 있다. 윤리성에 대한 인식은 오늘날 인공지능을 개발하는 사람들에게 중요하게 강조되어야 하는 점이다. 인공지능은 오늘날 범용 기술로 급부상하게 되었다. 매킨지 글로벌 연구소(McKinsey Global Institute)의 보고서에 따르면 인공지능 기술은 2030년까지 전 세계 국내총생산(GDP)에 13조 달러를 기여할 것으로 전망된다(김진아, 2022). 실제로 인공지능이 인간에게 유용함을 주고 편리하게 사용되는 것은 윤리적인 문제점으로 인해 결코 간단한 일은 아닌 것으로 보인다.

젬마는 자신이 만든 발명품인 메간을 회사 사장과 투자자들 앞에서 소개하고 호평을 얻는다. 그녀는 아직 메간을 사용해서는 안 된다는 사실을 잘 알고 있었지만 케이디가 메간과 함께 지내도록 하며 그로부터 자신의 업무에 도움을 받고자 한다. 젬마가 개발 완성 단계 이전의 상태인 메간을 케이디에게 사용하도록 했던 것은 개발자로서 지켜야 하는 직업적 윤리를 제대로 지키지 못한 것이다. 메간은 자신의 역할을 완벽하게 수행하기는 하지만 어느 순간에 이르자 스스로 변화하고 인간이 예상할 수 없는 사악함을 드러내게 된다. 메간은 아직 시험단계에 있었다. 그럼에도 케이디에게 사용되는데 이는 케이디를 보살피고 보호하는 역할을 하기로 되어 있는 젬마의 선택에 따른 것이다. 메간은 그런 돌봄의 임무에 충실하지만 어느 순간 스스로 자율적인 행동을 나타내게 된다. 그것은 인간의 상식적인 선을 넘어서는 행위로서 사회의 질서를 어지럽히는 것이다. 젬마가 설계한 대로 케이디의 곁에서 책을 읽어 주고 자장가도 불러 주지만 사실 케이디의 진정한 벗이 되기에는 무척 위험한 이면을 가지고 있다. 주어진 기능을 수행하던 중 우발적으로 발생하는 문제에 대해서 비윤리적인 행동을 일삼는 메간의 모습은 결국 비윤리적인 자율성을 나타내는 것이라고 할 수 있다. 교통사고로 부모님을 잃고 우울해하는 케이디를 완벽하게 이해해 주는 것처럼 보이는 메간을 케이디는 잠시도 떨어뜨려 놓으려 하지 않는다. 그녀는 자신이 다닐 학교의 야외 모임에 메간을 데려가고자 하는데 이후 메간은 예기치 못한 변화를 나타내고 끔찍한 사건을 저지른다.

메간의 문제는 케이디에게 조금이라도 해를 끼치는 사람일 경우 끔찍한 방식으로 응징을 한다는 것이다. 상식선을 넘어서서 극단적으로 폭력적인 방식으로 상대방에게 대응하는 메간의 특성은 공포를 유발한다. 젬마는 케이디가 간곡히 조르는 통에 메간을 학교에서 여는 야외 행사장에 데리고 가는데 산에서 메간은 자신을 쫓아온 소년을 위협하고 그를 죽음에 이르도록 만든다. 인간으로서 절대 해서는 안 된다고 사람들이 믿는 살인이라고 하는 범죄에 대해 메간은 아무 죄의식도 가지고 있지 않았다. 설계자가 도덕적 의식을 가지도록 메간을 만들지 못한 것은 인간을 대체할 정도로 중요한 역할을 하는 인공지능을 개발하는 데 돌이킬 수 없는 실수가 된다. 메간은 곧 연쇄 살인자라는 극단적인 범죄 행위자가 된다. 소년을 죽게 한 후에도 메간은 젬마를 괴롭히던 이웃 여자와 그녀의 개를 잔혹하게 살해한다. 상상하기 어려운 메간의 폭력성은 이 영화에서 구체적으로 그 원인이 언급되고 있지는 않다. 메간의 폭력성은 비윤리적인 행위를 저지르고도 아무 죄책감을 느끼지 못하는 사이코패스를 연상시키며 극한의 공포를 일으키고 있다.

자율적인 인공지능에 대한 공포

현대 사회에서 인공지능 로봇에 대한 사람들의 기대는 인간적인 지능과 감성을 지닌 비인간으로서 실용적인 상품으로서의 특성을 기반으로 한 것이다. 상품으로서 인공지능은 사람들의 마음을 사로잡을 정도의 특성을 가져야 하며 그러한 조건을 충족하는 경우 진정 유용한 것으로 간주된다. 인공지능은 사용자인 인간에게 이로움만을 제공하지 않을 수 있다. 인공지능은 또한 인간이 이해하기 어려운 면을 가지고 있으면서 이를 감추어 두고 지낼 수도 있다. 메간은 이처럼 인간에게 이롭기는 하나 이해 불가능한 속성을 지닌 인공지능의 사례를 보여주고 있다.

메간의 이상 반응은 인공지능에 대한 사람들의 공포심을 드러내는 것으로 보인다. 젬마는 케이디의 학교에서 개최한 입학 기념 야외 모임에 메간을 데려간 뒤 다른 장난감들과 같은 장소에 방치한다. 그로부터 메간은 자신의 정체성의 혼돈을 느끼고 예측하지 못했던 폭력성을 발현하게 된 것으로 보인다.

메간은 그동안 착실하게 케이디의 좋은 친구처럼 행동했으나 의식이 없는 장난감들과 같은 항목으로 분류되면서 사물 취급을 당한 것에 대해 스트레스를 받았다. 그것은 거짓말을 해야 하는 상황에서 자신의 정체성에 혼란을 느낀 인공지능인 〈2001: 스페이스 오디세이〉의 할9000의 신경증을 상기시킨다. 케이디를 위해서 자신이 해야 할 일과 해서는 안 될 일을 구분하지 못하는 메간의 모호한 역할은 결국 불확실한 경계의 문제를 일으키면서 오작동을 유발하게 된다. 컴퓨터 네트워크가 고도로 발달한 사회에서 인공지능은 기술적으로 뜨거운 쟁점이 되고 있다. 그러나 인간의 통제에서 벗어난 자율적인 인공지능에 대한 공포는 〈메간〉에서 보듯이 인공지능 개발의 중요한 쟁점이 된다. 과학 기술의 발달에 대한 인류의 불안은 인공지능이 인류의 마지막 발명품이 될 상황도 도래할 수 있음을 강력히 경고하고 있다.

인공지능의 자율성 문제 해결

자율성을 가지게 된 인공지능은 인간에게는 불안을 야기한다. 현재의 기술 개발 수준에서 주어진 목적을 실수 없이 수행하는 것은 인간의 도구로서 인공지능에 기대하는 바라고 할 수 있다. 하지만 영화나 드라마에서 인공지능 캐릭터는 그러한 기대를 넘어 무척 공포스러운 행위를 반복적으로 저지르는 사악한 존재로서 그려지고 있다. 이러한 인공지능의 문제는 영화들에서 인간과 갈등을 일으키는 요인이 되고 있다.

인공지능이 인간의 미래에 대한 중대한 전환점을 제시한 경우는 1984년, 제임스 캐머런(James Cameron)이 연출한 〈터미네이터〉다. 기계 인간 T-800은 사라 코너를 살해하려고 미래에서 온 지옥의 전령으로 인간의 멸종을 목적으로 하고 있다. 이 역할을 연기한 아널드 슈워제네거(Arnold Schwarzenegger)는 인간을 멸종시키려 하는 사악한 인공지능을 무척 공포스럽고 무시무시한 존재로 표현해 냈다.

인공지능은 현실에서도 공포를 일으키는데 그것은 통제 문제에 기인하는 공포라고 할 수 있다. 통제 문제에서 기인하는 공포는 〈터미네이터〉 같은 영화에서 묘사되는 것처럼 악의적으로 기계에 대해 두려움을 느끼는 것이 아니다. 모든 인공지능 시스템은 목적함수, 즉 수학적 용어로 표현된 달성하려는 구체적 목표를 중심으로 설계된다. 우려할 점은 그런 목표가 주어진 초지능 시스템이 의도하지 않거나 예상하지 못했다면, 인간 문명에 해를 끼치거나 치명적인 결과를 초래할 수 있는 수단을 사용해서 주어진 목표를 끊임없이 추구할 수 있다(포드, 2022). 통제 문제에 대한 해결책을 찾는 탐구는 대학과 민간 전문 조직의 중요한 학술적 연구 주제가 됐고 오픈AI나 닉 보스트롬이 이끄는 옥스퍼드대학교 인류미래연구소, 캘리포니아주 버클리에 있는 기계 지능 연구소 등이 이 연구에 참여하고 있다(포드, 2022). 어떤 해결책도 완벽할 수 없지만, 일이 올바른 방향으로 진행되도록 충분한 내부 전문성을 갖춘 규제 기관을 중심으로 산업, 학계, 정부 사이에 협력 관계가 이루어진다면 인공지능을 안전하고 공정하게 사용하는 데 큰 도움이 될 것이다.

참고문헌

김진아(2022). 과실책임에 의한 인공지능 오류사고 규율 가능성. ≪고려법학≫, 105.

마틴 포드(2022). 『로봇의 지배』. 시크릿하우스.

05
시뮬라크르 개념을 활용한 인공지능의 이해: <매트릭스>

장 보드리야르는 근대 이후의 소비 사회를 시뮬라크르로 설명했다. 그는 우리가 살아가는 이 세계는 본질적으로 원본 없는 시뮬라크르에 의해 만들어졌다고 보았다. 〈매트릭스〉는 인공지능이 만든 가상 세계의 지배를 받는 인간의 자유의지를 강조하고 있다. 네오는 인간으로서 주체적인 삶을 살아가고자 인공지능이 만든 가상 현실 속 안락한 삶을 거부한다는 점에서 자유의지를 표상한다.

시뮬라크르로서 매트릭스 문제

〈매트릭스〉(1999)에서 네오(토머스 앤더슨, 키아누 리브스 분)는 가상 세계에서 살아가고 있는 자신을 깨닫는다. 그는 가상의 경계를 넘어서 실재를 구원하는 자신의 운명을 따르기로 한다. 하지만 이 영화에서 무엇이 현실이고 무엇이 현실이 아닌지를 확인할 수 없는 방법은 없다. 하지만 슬라보이 지제크가 지적하듯 이 영화는 철학적인 문제로서 인식론적인 문제에 속하는 시뮬라크르(simulacre)의 문제를 상기시키고 있다.

아주 오래전부터 제기된 철학적 문제로서 시뮬라크는 자신이 믿고 있는 모든 것이 거짓이라고 해서 우리가 아무것도 모른다고 말할 수 있는가 하는 문제를 제기한다(지젝 외, 2003). 네오는 자신이 살고 있는 세계가 사실은 고도로 발달한 인공지능에 의해서 만들어진 가상 현실이라는 것을 알게 된다. 그것은 매트릭스라고 불리는데 세계를 지배한 기계들이 만들어 놓은 세계라고 할 수 있다. 인간의 뇌를 해킹해서 완벽하게 실제와 구분할 수 없도록 만든 이 세계는 인간을 노예로 만들었다.

이 영화에서 인간의 의식은 가상의 매트릭스에 갇혀 있고 그러한 상태에서 사람들은 자신의 삶이 현실이라고 믿으며 살아간다. 문제는 인간의 육체가 기계들의 에

너지원으로 사용되고 있고 반란을 일으킨다면 기계 인간에 의한 통제와 감시로 인해서 인간은 종말을 맞게 될 것이라는 사실이다. 이러한 모순적인 가상 현실 속 인간의 상황에 대해서 우리는 시뮬라크르에 대한 장 보드리야르(Jean Baudrillard)의 정의를 참조할 필요가 있는 것으로 보인다.

보드리야르의 시뮬라크르 개념은 우리가 살아가는 이 세계가 본질적으로 원본 없는 시뮬라크르에 의해서 만들어진 것이라고 주장한다. 시뮬라크르가 주는 실재감은 실재보다 더욱 강렬한 것으로서 하이퍼리얼리티를 가진다. 그러한 세계에서 가상은 현실을 덮어쓰며 실재를 은폐하고 있다. 〈매트릭스〉에서 우리가 현실을 이해하고 인식하는 데 근본적으로 이러한 시뮬라크르의 영향을 받음은 포스트모던한 사회를 암시한다. 네오는 자신의 실재를 복원하기 위해 투쟁을 할 것인지 아니면 매트릭스의 가상 현실에 안주할 것인지 선택의 기로에 놓인다.

〈매트릭스〉에서 인공지능이 만든 가상 현실 매트릭스는 실재가 아닌 가상 세계를 가리킨다. 그것은 보드리야르가 『시뮬라시옹』(보드리야르, 2001)에서 강조하듯이 재현된 이미지로서 가상 현실이 현실을 대체하는 양상을 보여 준다. 재현된 이미지는 원본보다 더 생생하게 인식되는데 보드리야르에 의하면 시뮬라크르는 플라톤이 주장한 의미 없는 복제가 아닌 그 자체로 가치와 의미를 지니는 것이다.

보드리야르는 이데아가 별도로 존재하지 않는다고 봄으로써 플라톤과 결정적 차이를 나타낸다. 플라톤은 사람이 살고 있는 이 세계가 원형인 이데아, 복제물인 현실, 복제의 복제물인 시뮬라크르로 이루어져 있다고 보았다. 즉 인간의 삶, 자체는 복제물이고 시뮬라크르는 복제물을 다시 복제한 것이라는 이야기다. 하지만 보드리야르는 현실, 즉 시뮬라크르는 이데아로부터 벗어나는 독립적인 존재라고 보았다. 따라서 보드리야르의 시뮬라크르는 플라톤의 재현(mimesis)에서 벗어난 새로운 형태로서 제시되는 것이다. 비록 전개 과정에서 플라톤의 시뮬라크르와 유사성을 보이고는 있지만 보드리야르는 시뮬라크르의 핵심적 논점에서 그와는 다른 입장을 취하면서 시뮬라크르를 재정의하고 있다.

오늘날 포스트모던 사회에서 이데아는 시뮬라크르에 의해서 가려지고 이 세계는 시뮬라크르로 채워져 있다. 〈매트릭스〉에서 가상 현실, 매트릭스는 이러한 보드리야르의 시뮬라크르 개념을 반영하면서 기계 인간이 만들어 낸 가상 현실이 실재가 아닌 감각적인 세계로서 인간을 길들이고 있다는 것을 보여 준다. 네오는 이러한 시뮬라크르로서 가상 현실을 인식한 자로서 이에 저항한다. 그는 실재를 구원하고 자유로운 삶을 살아가는 쪽을 택하며 인간을 노예화된 상태에서 해방하려 한다. 그것은 인공지능이 시뮬라시옹의 단계를 거쳐 원본 없이 탄생시킨 시뮬라크르에서 인간의 실재가 은폐당하고 인간이 노예화된 것에 대한 자유의지에 입각한 저항이다.

매트릭스와 자유의지

네오는 인간이 본성적으로 자유의지를 기반으로 자신의 운명을 개척하고자 한다는 것을 보여 준다. 〈매트릭스〉는 그러한 인간의 자유의지를 예찬하고 있는 영화라고 할 수 있다. 자유의지를 택하는 네오의 의지는 이 영화에서 내내 명확히 제시되고 있고 그것은 네오와 트리니티의 사랑을 기반으로 의미를 가지는 것으로 보인다. 자유의지에 대한 대표적인 장면은 네오가 모피어스가 건넨 알약 두 알 중에서 빨간색 알약을 택하는 대목이다. 인간의 해방을 위해 투쟁하는 실제의 삶을 의미하는 빨간색 알약을 택한 것은 네오가 자유의지를 가지고 있는 존재로서 인간이기를 원한다는 것을 보여 준다. 그는 기계 인간인 스미스 요원이 통제하는 매트릭스를 인간의 노예화를 추진하는 감옥과도 같은 곳이라고 여기며 기계가 구축해 놓은 가상 세계에서 시온의 인간들을 구원하고자 한다.

매트릭스의 위조된 세계는 현실과 비현실의 경계를 구분 지을 수 없도록 한다(지젝 외, 2003). 네오는 줄곧 이 세상이 뭔가 잘못되어 있다고 느끼고 그것이 매트릭스와 관련이 있다고 여긴다. 그는 모피어스를 만난 이후 자신이 지금까지 알고 있던 세계가 사이버 공간 밖에서는 현실성이 없는 환상임을 알게 되는데 그러한 가상 세계 속의 삶이란 인간적인 삶과는 무척 거리가 먼 삶이기 때문에 해체되어야 한다고 여긴다. 인공지능에 예속된 노예의 삶이라고 할 수 있는 매트릭스의 삶은 자유의지를 추구하는 인간에게는 견딜 수 없는 것이다.

〈업그레이드〉(2018)에서 인공지능 스템이 만들어 놓은 가상 현실은 인간인 그레이를 가두어 두는 도구로 활용된다. 그레이는 기계 지능인 스템과의 싸움에서 결국 신체를 빼앗기며 패배하는데 이후 그는 정신적으로 데이터 인간화되어 가상 현실 안에 갇히게 된다. 인공지능 스템을 마비된 몸의 강화를 위해 이식한 이후 일어난 이러한 변화는 인간이 자신의 신체적 기능의 결정권을 인공지능에게 빼앗기는 것으로 인해 발생한 것이다. 스템이 만들어 놓은 가상 현실 속으로 들어가게 된 그레이의 모습은 〈매트릭스〉의 네오가 자유의지로 선택한 매트릭스로 탈출과 정반대 방향에 해당하는 것이다. 사이퍼는 스테이크가 있는 안락한 가상 현실을 택하지만 그레이는 가상 현실 속으로 비자발적으로 들어가게 된 것이다. 그는 가상 현실에서 아샤가 살아 있음을 알게 된다. 그러나 의식이 깨어 있는 상태에서 그가 가상 시공간 속에서 아샤와 살아가는 것은 결코 자유롭지 못하다. 그는 컴퓨터 인공지능 스템의 지배를 받으며 그로부터 통제를 받게 된 것이다. 그것은 매트릭스에서 인간들이 기계 인간에게 구속된 상황과 같다고 할 수 있다.

인간은 진정 가상 현실 속에서는 인간적인 삶을 영위할 수 없을 것이다. 가상 현실 속에서 살아가는 인간은 자신이 추구하고자 하는 삶의 목표를 이루기 위해 어떤 노력해야 할 필요가 없으며 행위의 동기가 되는 자유의지를 가질 수가 없다. 그는 무엇인가를 해야 할 필요가 아예 없어져 버리고 어떤 선택도 할 수 없게 된다. 인간에게 자유란 선택의 자유를 말하는데 그레이에게는 그 자유가 없다. 또 인간은 늘 무엇인가를 선택해야 하는 존재인 동시에 선택으로 인해 불안을 느끼는 존재다. 무엇인가를 선택할 수 있는 자유가 없는 인간은 인간이라고 할 수 없을 것이다. 가상 현실에 갇혀 있는 사람들은 가상 인간으로서 비록 의식이 깨어 있다고는 하나, 물리적인 신체라는 정신을 받쳐 줄 기반이 없으므로 한 자유의지를 발현하지 못한다. 그렇기 때문에 그는 실재 세계에서와 같은 능동적인 태도로 자신의 삶을 살아갈 수가 없다.

인간이 현실의 우발적인 상황 속에서 신체를 기반으로 그러한 상황에 대응하며 다른 살아 있는 존재들과 신체적으로 접촉을 하는 것 그리고 그에 대해서 반응을 하는 것은 삶의 기본적인 전제다. 즉 인간적 삶이란 컴퓨터 가상 현실 속의 만들어진 삶과는 본질적으로 다르다. 인간의 이러한 기본적 전제 요건을 충족하지 못하는 가상 현실 속 가상 인간은 결국 인간으로서 주체적인 삶을 살아갈 수 없기 때문에 기계의 노예나 다름없는 존재다.

매트릭스의 양가적 의미

포스트모더니즘 철학자 장 보드리야르는 '시뮬라시옹' 개념을 플라톤의 시뮬라시옹과 다른 의미로 재정의했다. 과거, 현재, 미래의 시간적 논리를 거부하는 현대 사회는 매체와 정보의 포화로 대변되는 하이퍼리얼리즘

(hyperrealism)의 사회이고 일반 대중은 모조품(시뮬라크르, simulacre)이 지배하는 추상적인 곳에서의 삶을 살아가고 있다. 우리가 기존에 인식하고 있던 리얼리티는 소멸되었고 소비 사회에서 매체의 발달은 새로운 형태의 문화적 양상을 나타낸다. 그것은 바로 모든 대상을 이미지화하여 확산하는 현상이다(문개성, 2004).

〈매트릭스〉의 가상 현실은 인공지능 스미스 요원에 의해서 통제되는 인간의 강제된 삶을 의미한다. 인공지능 연구자들이 말하듯이 인공지능은 인간 수준의 지능에 도달할 수 있을 것이며 그러한 시점이 도래하는 것은 불가피한 일이다. 인공지능이 실제로 영화에서와 같이 인간을 지배하게 되는 상황은 단지 상상 속의 일만은 아니다. 인공지능이 인간처럼 자율성을 나타내는 경우 그것은 인간에 대해서 가지는 모든 이점을 계속해서 누리려 할 것이다(포드, 2022). 그러한 인공지능은 영화 〈매트릭스〉에서 보듯이 인터넷이나 다른 네트워크에 직접 연결해 거의 무한한 자원을 활용할 수 있을 것이다.

이 영화 속 매트릭스의 가상 세계는 시뮬라크르로서 인공지능이 인간에 대해서 지배력을 행사하기 위한 수단으로 이용되고 있다. 매트릭스는 부정적인 의미를 지니지만 포스트모던 사회를 살아가는 우리는 사실 가상 현실과 현실이 구분되지 않는 세계를 살아가고 있다. 포스트모던의 시대에 시뮬레이션은 사이버 문화가 가져온 새로운 인지 방식으로서 일종의 지적 기술이 되어 가고 있다. 시뮬레이션 기술들, 특히 대화형 영상을 가동하는 기술들은 사람의 사유 능력을 대체하는 것이 아니라 상상과 사고력을 연장, 변형시키는 긍정적 역할도 하고 있다(문개성, 2004). 그러한 점에서 인공지능이나 가상 현실은 오늘날 결코 우리가 해체하거나 기피해야 하는 대상만은 아니다. 그러나 1999년 디지털로 이행하는 과도기에 만들어진 〈매트릭스〉에서 인공지능이 만든 가상 현실은 인간이 현상계의 감각적인 차원만을 인지하며 살아가도록 하는 문제를 제기한다. 그렇기 때문에 네오는 매트릭스를 해체하고 인간을 해방하려 한다. 오늘날 매트릭스는 비판의 대상이기보다는 인간이 기술을 활용해서 자신의 실재를 위해서 활용하는 수단이 된다. 감독은 〈매트릭스〉에서 가상 현실이 강제하는 인간의 노예화에 저항할 것을 권고하지만 오늘날 우리는 매트릭스가 강제하는 인간의 노예화를 거부하기 위해서 오히려 매트릭스의 가상 현실을 긍정적인 방향으로 활용할 줄 알아야 한다.

참고문헌

마틴 포드(2022). 『로봇의 지배』. 시크릿하우스.
문개성(2004). 포스트모던 사회 영상언어의 이미지 조작과 폭력성에 관한 연구 - 보드리야르와 영화 『매트릭스』를 중심으로. 중앙대 산업경영대학원 논문.
박정자(2019). 『시뮬라크르의 시대』. 기파랑.
슬라보예 지젝 외(2003). 『매트릭스로 철학하기』. 한문화.
장 보드리야르(2001). 『시뮬라시옹』. 민음사.
플라톤(2014). 『국가론』. 돋을새김.

06
인공지능에 대한 통제와 윤리성 부여 방안: <업그레이드>

인간의 신체에 이식되어 뇌 신경망과 연결된 인공지능 스템은 인간 주체의 정신과 신체의 결합된 상태를 해체하고 인간을 가상적 인간으로 변화시킨다. 이러한 결말은 인공지능 기술에 대한 인간의 통제 필요성을 강조하고 있다. 영화는 인공지능에 대해 개발 단계부터 통제 가능한 방법이 도입해야 한다는 것을 그레이의 절박한 상황을 통해서 시사하고 있다.

인공지능에 의한 트랜스휴먼화

21세기 영화는 인공지능 캐릭터를 통해 인간이 불멸의 삶을 추구하는 본성과 멸망에 대해 저항하는 본성이 있음을 드러낸다. 그것은 인간의 트랜스휴먼화라는 테마와 연결된다. 인공지능에 의한 인간 강화는 트랜스휴머니즘(Transhumanism)이 본질적으로 추구하는 바라고 할 수 있다. 그러나 인류는 인공지능을 이식하거나 결합함으로써 본래의 인간성을 상실하게 되고 심지어 절멸하는 길을 걸을 수도 있다. 잘 알려진 트랜스휴머니즘 단체로 1998년, 닉 보스트롬(Nick Bostrom), 데이비드 피어스(David Pearce)가 설립한 "휴머니티+"라는 기구가 있다. 이들은 트랜스휴머니스트들의 극단적 낙관론과 달리 향상된 기술 개발과 확산에 반대할 수 있는 사회적 힘을 이해하고 관리하는 것을 추구한다(만조코, 2023). 인간이 인간 아닌 다른 존재로 바뀌게 되는 양상은 트랜스휴머니즘이 반드시 경계해야 할 사항이다.

인공지능에 의한 트랜스휴먼화는 무척 위험한 일이 될 수 있다. 인공지능 같은 기계를 신체에 이식해서 뇌 신경망과 연결하는 식으로 신체를 강화하는 것은 인공지능이 신체를 통제하는 경우를 야기하고 결국 돌이킬 수 없는 결과가 나타날 수 있다. 리 워넬(Leigh Whannell) 감독은 영화 〈업그레이드〉(2018)에서 인간이 신체를 강화하기 위해 인공지능을 이식하면서 일어나는 극단적 사례를 다룬다. 그것은 트랜스휴먼화의 비극적 사례라고 할 수 있는 것으로 호러 영화의 공포와 맞닿아 있다. 그레이는 자신의 마비된 신체 속에 스템(STEM)이라는 인공지능을 이식하는 수술을 하고 난 후 예기치 못한 변화를 겪게 된다. 스템은 뇌신경을 활성화함으로써 마비된 신체가 정상보다 더 강화된 기능을 보이게 만든다. 하지만 그것은 결과적으로 그를 강한 인간으로 만들어 주는 것이 아니라 인공지능에 의해 가상 현실 속 가상 인간으로 변하게 되는 사태를 초래한다.

인간이 자신의 신체를 기계를 사용해 강화하려 하고 그 결과로 인간성을 잃어버린 사이보그가 되는 것은 결코 바람직하지 못한 일이다. 이러한 부정적인 측면은 인공지능에 의한 트랜스휴먼화가 인간적인 한계를 극복하는 것이 아니라 결국 인간의 소멸을 초래하게 된다는 것을 말한다. 인간 해방 운동의 일환으로서 트랜스휴머니즘은 인간의 극단적인 변화를 야기할 수 있다. 그로부터 인류의 종말이 초래될 수도 있을 것이다. 이 영화에서 인공지능 스템을 이용한 그레이의 신체 회복, 강화는 트랜스휴먼화의 문제점을 여실히 보여 준다. 인간으로서 그는 종말을 고하게 되는데 그것은 인공지능이라고 하는 기계가 인간의 고유한 특성을 변화시키게 됨을 의미한다.

〈트랜센던스〉, 〈루시〉, 〈론머맨〉, 〈로보캅〉, 〈아키라〉, 〈이노센스〉, 드라마 〈6백만 달러의 사나이〉 등도 트랜스휴먼화로 인한 인간의 부정적인 변화상을 보여 준다. 주인공은 기계와 결합함으로써 인간적 특성 대신 감정이 사라지거나 초월적인 능력이 나타나는 등 비인간적인 특성을 발현하게 되고 그러한 과정은 결과적으로 주체를 본래의 자기 자신이 아닌 전혀 다른 존재로 바꾸어 놓는다. 기술에 의한 트랜스휴먼화가 지닌 문제들을 구체적으로 드러내고 있는 영화들과 같은 맥락에서 〈업그레이드〉는 기계에 의한 인간의 변화가 나타내는 문제의 심각성을 강조한다.

인공지능에 대한 부정적 재현

〈업그레이드〉는 우리가 인공지능을 사용해서 스스로를 강화하려 하고 인간의 힘으로는 할 수 없는 일들을 성취하고자 할 때 생길 수 있는 비극적인 사태를 보여 준다. 그것은 무척 부정적인 사태로서 인간의 가상 인간화라고 하는 무척 공포스럽고도 기이한 사태를 보여 준다. 인공지능 스템은 그레이의 신체를 탈취하고자 하였고 사전에 그에게 일어난 범죄를 위시해 모든 일을 꾸민 주체다. 스템은 기계적인 음성으로서 단조롭고 기력이 없는 모노톤의 남성 목소리로만 표현된다. 그러나 스템의 진화는 인간인 그레이의 정신을 쇠진시키고 그의 정신이 신체에서 이탈하게 하는 치명적 상황을 불러온다. 영화는 스템을 조용하고 침착한 음성만으로 재현함으로써 보이지 않는 공포를 더 자극하고 있다.

영화의 후반부는 스템이 결국 어떻게 자신의 목표를 성취하는지를 자세하게 보여 준다. 인공지능에 대한 적절한 통제가 마련되지 않으면 인간은 자신이 모르는 사이에 전혀 다른 자신으로 바뀔 수 있음을 보여 준다. 기술 개발에서 무척 중요한 사안은 그와 같은 통제 방안이다. 아무리 트랜스휴머니즘을 강력하게 지지한다고 하더라도 통제의 가능성에 대해서는 이견을 가지고 있지 않을 것이다. 옥스퍼드대학 연구소의 닉 보스트롬은 트랜스휴머니즘을 옹호하는 입장을 취하면서도 인공지능의 발전이 인간에게 가져올 결과가 갑작스럽고 극적인 변화가 없는 양상을 보이는 것이 바람직하다고 말한다(Bostrom, 2005, p.9). 즉 인공지능에 대해 사람들이 과도하게 경계를 기울여야 할 필요가 없는 것이 좋다는 것이다. 중요한 것은 우리가 인공지능에 대해서 확실한 기술 통제의 방안을 마련하는 것이며 그러한 전제하에 인공지능이 조용하게 발전하는 것이 바람직할 것이다. 그러나 특이점에 해당하는 "지능 대확산(지능 폭발, intelligence explosion)"에 대비해 그 결과로 인간의 존재적 재앙이 일어나는 경우에 항시 대비해야 한다고 그는 강조한다. "인류는 당장 대책을 모색해야 한다."(보스트롬, 2018) 또 다른 트랜스휴머니즘 옹호자인 레이 커즈와일(Ray Kurzweil)은 인공지능 기술의 특이점이 도래하게 되면 인류는 더 향상된 두뇌를 가질 수 있을 것이라고 말한다. 인간 강화의 중요한 계기가 될 특이점은 커즈와일이 보기에는 인간에게 긍정적인 영향을 미치는 것으로 긍정적인 개념이다. 그러나 실제로 특이점에 대한 정의와 그 해석은 학자마다 의견이 분분하며 어느 정도의 특이점이 인간에게 가장 이상적이라고 말하기는 어려울 것이다. 실제로 특이점의 영향이 어느 정도이든지 인간은 기계와 더불어 진화를 할 것이고 역사적으로 그래 왔듯이 기계를 계속해서 발전시킬 것이다. 하지만 인간에게 기계는 편리함과 함께 공포를 일으키는 존재가 되어 왔고 기계에 대한 두려움은 늘 동전의 이면처럼 존재했다.

〈업그레이드〉에서는 인간이 기계와 더불어 진화하는 것이 아니라 기계에 의해서 자신의 인간성을 상실하는 극단적으로 부정적인 상황을 보여 준다. 미국 영화 평론가 사이먼 에이브럼스(Simon Abrams)가 지적하듯이 이 영화는 매우 흥미롭게 인간과 기술의 관계와 그 문제점을 보여 주고 있다. 그레이가 스템을 이식한 후 범죄자들을 상대하는 액션 신에서 보듯이 그의 현란하고 화려한 움직임은 스템에 의해서 가능해진 것이다. 이러한 그레이의 신체적 변화는 인공지능이 인간의 신체를 어떻게 조율할 수 있는지를 잘 보여 주고 있다. 스템은 뇌 신경망과 연결되어 그레이의 마비된 신체를 네트워크되어 있는 한에서 복원할 수 있었다. 실제로 그의 신체는 마비된 상태였기에 스템과 연결되지 않고서는 한 발자국도 걸을 수 없었다. 문제는 통제권의 귀속 여부로 처음에 스템을 이식한 직후에 그레이의 신체에 대한 통제권은 그 자신에게 있었다. 그는 스템을 자신의 의지대로 통제할 수 있는 입장이었으나 점차 스템에 의해서 신체가 움직여지는 과정을 거치면서 통제권을 넘겨주게 된다. 액션 장면은 인간으로서 그레이가 자신의 신체를 스템으로 인해 움직이는 모습을 무협 영화에서 볼 법한 순발력 있고 절도 있는 움직임으로 보여 준다. 그것은 인간의 몸과 결합한 기계로 인해서 나타나는 기묘한 이질감을 지닌 신체성을 보여 주게 된다(씨네21, 2024). 인공지능에 의해 업그레이드된 신체는 인간의 것이 아닌 새로운 주체의 등장을 암시하는 것으로 보인다. 이 영화는 SF 멜로드라마와 저예산의 B급 무비가 지닌 정서를 적극적으로 반영하면서 대중이 원하는 바에 어필하는 엔터테인먼트적 요소를 반영하고 있다(Abrams, 2018). 감독은 그레이를 통해서 인공지능 기술에 대한 사람들의 공포와 비판적인 시점을 전면에 드러내고는 있지 않다. 하지만 인간이 기계에 구속당하는 문제를 드러내면서 기술에 대한 공포를 영화 전반에 걸쳐서 드러내 보인다.

인공지능에 대한 묘사

이 영화에서 인공지능이 야기하는 아포칼립스는 인간이 개인적인 복수를 이루고자 하는 사적인 동기로 인해 도래한다. 그레이는 자신에게 일어난 일에 대해서 누가 왜 그토록 잔혹한 범죄를 저질렀는지 알아내려 한다. 그는 경찰이 아샤를 총으로 쏘아 죽인 범인을 찾기를 기다리고 있었다. 추리 장르의 '후던잇(Whodunit)' 플롯에 기반해서 인공지능에 대한 인간의 공포심을 흥미진진한 추리극의 형식으로 펼쳐 보인다. 그레이는 결국 복수를 다하지만 그 후 자신을 조종하게 된 스템에 의해 인간적인 본성을 잃게 된다. 그것은 인간으로서 그레이가 지켜야 할 신체를 빼앗기는 것으로서 종말에 해당하는 상황이라고 할 수 있다.

인공지능에게 인간성을 기이하게 왜곡하는 특성이 존재함을 보여 주는 결말 대목에서 우리는 인간이 만든 인공지능에 대해서 통제 방안이 반드시 필요하다는 것을 알 수 있다. 그렇지 못한 경우, 그레이의 사례를 통해서 드러나듯이 인간은 인공지능에 의해서 인간성을 잃고 다른 존재로 변화할 수 있다. 작가 마크 오코넬(Mark O'Connell)이 지적하듯이 인간의 진화는 질서정연한 패턴을 창조하는 기술적 과정을 따르지 않을 수 있다. 그보다 실제로 인간의 진화는 무질서한 양상을 나타내면서 예상치 못한 결과를 보일 수도 있다. 인공지능 스템은 그레이의 몸속에 이식된 후 예상치 못한 폭주를 하게 되는데 이는 인간의 신체를 자신이 차지하고자 하는 자의식에 기반한 스템의 욕망을 보여 준다. 그레이는 피스크와 만나기 전 스템의 방화벽을 해커를 통해 해제하는 실수를 저지르게 된다. 그 후 그에게는 극도로 공포스러운 상황이 일어난다. 그는 자기 자신을 전혀 통제할 수 없게 된다.

모든 것을 자신의 권한으로 바꾸어 놓은 스템은 그레이의 정신적인 능력을 제거하고 그 자신의 의사와는 상관없이 신체를 움직이게 한다. 급기야 그레이는 정신적 자아가 신체로부터 이탈하고 컴퓨터 가상 현실 속에 가상 인간이 되어 갇히게 된다. 인간과 결합한 인공지능 스템은 인간 그레이의 신체와 정신, 몸과 마음을 분리했고 그는 더 이상 어떠한 자유로운 선택도 할 수 없게 된다. 인간이 움직이고 실현된다고 하는 것은 곧 신체를 기반으로 할 때만 가능하다고 할 때 그레이의 이러한 신체의 상실은 자아의 상실로 이어진다(그레그 외, 2015).

레이 커즈와일이 말하듯이 컴퓨터 인공지능 기술 개발은 인간의 진화에 대해 중요한 계기가 될 수 있다. 그에 따르면 2045년경 인간은 인공지능이 자신의 지적 수준을 넘어서는 특이점을 볼 수 있다. 그러나 이 기술적 특이점의 도래는 인간에게 확실한 지능 발전을 보장하고 있지만은 않은 것으로 보인다. 인공지능에 대한 적절한 통제책을 철저히 준비해 두지 않는다면 인간은 존재론적으로 예상 밖의 진화를 겪게 될지 모른다. 인간의 진화는 결국 점점 더 질서 높은 패턴을 창조해 가는 과정이 될 것이라는 커즈와일의 생각과 다르게 실제로 인간의 기술적 진화는 무질서한 양상을 나타낼 수도 있다(오코넬, 2018). 어느 경우든 인간은 자신이 만든 피조물에 의해서 지배를 받는 일을 피할 수 있어야만 한다.

〈업그레이드〉에서 그레이는 스템으로 인해 다른 인간을 잔혹하게 고문하고 살해하는 일을 자신의 의지와는 상관없이 반복하게 됨으로써 극도의 죄책감을 가지게 된다. 그가 다른 인간을 살해하게 한 스템은 인간이 인간적 본성에 어긋나는 일들을 하게 되면 결과적으로 정신적으로 큰 쇠진을 겪게 된다는 것을 알고 있었다. 결국 그레이는 간교한 스템의 지배를 받게 되었다. 가상 인간은 아포칼립스적인 위기를 암시하는 듯 보인다. 리 워넬은 인공지능의 계략으로 인해 한 인간이 아포칼립스를 경험하고 그 이후 인류 전체에 종말이 도래할 위험성을 역설한다. 마지막 장면은 그레이의 신체를 탈취한 스템을 보여 주며 그가 연구소 바깥으로 나가 인간에게 해를 미칠 것임을 예고한다. 그것은 인공지능에 대한 강력한 통제의 필요성을 역설하고 있는 것이다.

컴퓨터 과학자 노버트 위너(Nobert Wiener)에 의하면 미래에 기계는 스스로 학습을 할 수 있게 되고 지식을 바탕으로 의사 결정도 내릴 수도 있다. 그러나 기계는 인간과 같은 사고 체계에 기반해서 어떤 결정을 내리지는 않을 가능성이 농후하다. 우리는 기계가 그렇게 해야 한다고 하는 의무를 지지 않는 경우 자발적으로 인간적인 방식을 추구할 것이라고 기대해서는 안 된다. 기계는 인간이 수용할 만한 결정을 내려야만 한다고 스스로 여기지도 않을 것이다(핑커 · 테그마크, 2021). 이 점은 인공지능 스템의 개발 단계에서부터 그레이에게 이식되는 실행 과정에 이르기까지 강조되는 것으로 스스로 윤리적인 판단을 할 수 있도록 인공지능을 개발하는 것은 무척 중요한 사안이다.

참고문헌

닉 보스트롬(2018). 『슈퍼인텔리전스:경로, 위험, 전략』. 까치.

로베르토 만조코(2023). 『트랜스휴머니즘의 역사와 철학』. 전북대학교출판문화원.

마크 오코널(2018). 『트랜스휴머니즘: 기술공상가. 억만장자. 괴짜가 만들어낼 테크노퓨처』. 문학동네.

멜리사 그레그 외(2015). 『정동 이론 몸과 문화 윤리 정치의 마주침에서 생겨나는 것들에 대한 연구』. 갈무리.

스티븐 핑커·맥스 테그마크(2021). 『인공지능은 무엇이 되려하는가』. 프시케의 숲.

씨네21(2018.9.6). http://m.cine21.com/news/view/?mag_id=91121

Nick Bostrom(2005). A History of Transhumanist Thought. *Journal of Evolution and Technology*, 14(1).

rogerebert.com(2018.6.1). https://www.rogerebert.com/reviews/upgrade-2018

Simon Abrams,"Upgrade", Roger Ebert.
https://www.rogerebert.com/reviews/upgrade-2018, 2025/03/11/

07
인공지능과 인간의 미래 설계: <아이, 로봇>

〈아이, 로봇〉에서 인공지능 로봇은 인간의 미래 삶 속에서 필요한 역할을 돕는다. 로봇 3원칙이 내장된 로봇들은 다른 해석을 하고 그로 인해 인간이 위험에 처한다. 로봇 설계자는 사전에 인공지능이 비윤리적인 판단을 내릴 수 있음을 인지하면서 로봇이 하향식 윤리 교육만 받도록 할 것이 아니라 인간의 덕 윤리를 상향식으로 학습할 수 있도록 해야 할 것이다.

미래 인공지능의 윤리관 형성

2035년 시카고를 배경으로 하는 〈아이, 로봇〉(2004)은 인간이 만든 인공지능 로봇이 윤리 원칙과 충돌하는 문제를 다루고 있다. 로봇은 주입된 윤리 원칙에 대한 해석을 해야 하는 상황에서 정확한 프로토콜의 부재로 인간을 위태롭게 만들 수 있다. 미래에 인공지능 로봇이 인간을 위해서 요리, 아이 돌보기와 같은 필요한 일들을 한다. 인간 사회에서 이들이 인간으로부터 신뢰를 받으며 동반자로서 존재하는 것은 생각처럼 쉽지 않아 보인다. 이들은 인간의 안전을 우선시하는 '로봇 3원칙'이 내장되었지만 실제로 현실에서는 그에 대해 인간과는 다르게 원칙을 해석하기 때문에 인간은 곤경에 처하게 한다. 극 중 로봇들에게 주입된 윤리 원칙인 로봇 3원칙은 다음과 같다. 첫째, 로봇은 인간에게 해를 끼칠 수 없으며 인간이 해를 입는 것을 방관하는 것도 안 된다. 둘째, 법칙 1에 위배되지 않는 한 로봇은 인간의 명령에 복종해야 한다. 셋째, 법칙 1과 법칙 2에 위배되지 않는 한 로봇은 스스로 보호해야 한다는 것이다. 그러나 극 중 USR사 슈퍼컴퓨터 비키는 인간이 입력한 3원칙을 무시하고 인간을 공격하려 한다. 이 컴퓨터 인공지능은 자신을 지키기 위해서는 인간 사회를 통제하는 것이 마땅하다고 여긴다. 비키는 〈2001:스페이스 오디세이〉의 컴퓨터 인공지능 할(HAL)9000이 그러했듯이 오류가 없는 자기 자신에 대한 확신이 너무나 강한 나머지 인간에 대해서 지나치게 경계하고 심지어 공격하려 하는 문제를 드러내고 있다. 할은 지능은 매우 높았지만 인간보다 자신을 보호하는 일에 더 급급한 나머지 인간에 의해 제거를 당하는 불운을 맞게 된다. 〈아이, 로봇〉의 또 다른 유형의 로봇인 써니는 인간의 편에 서고자 하는 로봇으로 스푸너 형사(윌 스미스 분)를 도와 비키의 작동을 중지시키려 한다.

이 두 유형의 로봇들은 인간과의 관계에서 무척이나 다른 태도를 보이며 윤리적으로도 각각 인간과는 무척 다른 윤리적 원칙 해석을 보여 준다. 이는 우리가 인공지능에게 어떤 식으로 윤리 원칙을 학습하도록 설계할 것인가가 실제로 무척 중요한 사안이며 그에 따라서 로봇은 무척 다른 반응을 보인다는 것을 말해 준다.

인간이 로봇에게 하향식으로 공리주의 원칙을 주입할 경우를 가정해 보자. 로봇은 인간보다는 원칙 그 자체를 준수하는 것에 급급한 나머지 인간에게 결과적으로 큰 해를 끼칠 수도 있다. 하향식 방법은 실제 적용에서 무리가 있다는 사실은 스푸너 형사가 과거 트라우마를 남긴 기억으로 인해 잘 인식하고 있었다. 그는 과거 절벽 옆 도로에서 운전을 하던 도중 마주 오던 트럭과 충돌할 뻔한 일이 있었다. 그는 급히 핸들을 돌려 강물 속에 빠졌는데 상대편 트럭도 물에 빠졌다. 트럭 운전사는 사망했으나 어린 소녀가 살아남아 있었는데 출동한 로봇은 생존확률이 더 높았던 스푸너를 구했다. 이 일로 그는 죄책감과 로봇에 대한 불신을 각인하게 되었다. 로봇은 공리주의적인 해석에 입각해 어린아이 대신에 생존확률이 높았던 스푸너를 구조했다. 그것은 결과적으로 인간이라면 일반적으로 판단하는 것과 다른 선택이었는데 로봇은 윤리 원칙을 단순히 적용하기만 했던 것이다. 이러한 융통성 없는 로봇은 스푸너에게는 깡통이나 다름없다.

이 상황은 공리주의와 의무론, 두 원칙이 충돌하게 되는 경우 로봇은 무엇을 선택해야 하는가 하는 보다 복잡한 문제로 확대될 수 있다. 칸트의 의무론적 윤리관은 타인의 곤경에 대해 무관심한 태도를 경계하고 도덕적 행위자가 선행을 실천하는 것을 의무라고 말한다. 하지만 공리주의적 관점에서는 양적인 측면이 중시된다. 최대 다수의 행복을 추구하는 제러미 벤담(Jeremy Bentham)의 공리주의는 양적인 쾌락을 중요시하므로 도덕적 권

리들의 우선성을 인정하지 않는다. 이는 쾌락의 양만을 중시한다는 비판을 받는다. 인간이든 로봇이든 도덕적인 차원에 대한 판단 능력이 학습될 필요가 크다.

인공지능에게도 윤리 학습은 별도로 이루어져야 하는데 원칙을 하향식으로 주입하기보다는 상향식으로 로봇이 경험한 바에 기반을 두면서 덕 윤리를 학습하도록 하는 방식이 바람직한 프로그래밍일 것이다. 이러한 상향식 덕 윤리 학습은 인간과 다르지 않은 것이다. 인간은 어려서부터 자신이 행한 일에 대해서 부모 또는 주위의 사람들로부터 지적과 꾸지람을 들으면서 자란다. 그 과정에서 인간은 스스로 옳고 그름에 대한 가치관을 형성한다(양선이, 2021). 로봇도 인간처럼 자신의 일에 대해 주변 사람들의 지적을 받으며 고칠 수 있다면 그러한 방식으로 형성된 윤리관은 인간의 실제 삶에서 더 자연스럽게 조화를 이룰 수 있을 것이다.

도덕적 행위자로서 인공지능

〈아이, 로봇〉에서 로봇의 윤리관은 구체적으로 언급되지는 않지만 아시모프의 로봇 공학 3원칙을 기반으로 하고 있는 것으로 보인다. 로봇이 인간의 문제를 해결하는 미래의 풍경 속에서 인간은 로봇의 감정과 윤리적 판단 능력에 대해서 충분히 신뢰를 가지고 있지는 않은 것으로 보인다. 그 대표적인 인물이 바로 주인공 스푸너 형사다. 그는 래닝 박사의 죽음으로 인해서 써니에 대해서 알게 된다. 래닝이 만든 이 인공지능 로봇은 기존의 NS-5 로봇들과는 무척이나 다른 방식으로 윤리 원칙을 주입받았다. 인간과 인공지능 로봇이 공생하는 미래의 시점에서 바람직한 도덕적 행위자로서 인공지능을 만들려면 경험을 통해 스스로 감각하고 감정을 느끼며 판단을 하고 그에 따른 선택과 행위를 할 수 있어야 한다. 써니는 그러한 로봇의 가능성을 보여 준다.

이야기는 로봇의 아버지라 불리는 래닝 박사의 죽음에서 시작된다. 래닝은 로봇 써니에게 정해진 윤리 원칙을 주입하고 그와 동시에 상황에 따라서 자신의 감정을 기반으로 행동하도록 했다. 이는 하향식 모델과 달리 로봇이 자신의 감정에 충실할 수 있도록 만든 것이다. 융통성과 인간애가 결여된 하향식 윤리 방안을 적용한 NS-5 들과는 달리 써니는 인간의 문제를 감정적인 차원에서 이해하고 해결할 가능성이 크다. 그러나 그의 앞에는 넘어야만 할 산이 산적해 있는 것으로 보인다. 중요한 것은 인공지능 로봇이 인간처럼 살면서 경험을 쌓아 가고 "인공적 도덕적 행위자(Artificial Moral Agent)"가 되는 것은 중요한 사안이지만 결코 쉬운 일이 아니라는 사실이다.

로봇은 부여된 윤리 원칙을 기계적으로 적용할 수는 있겠으나 그럴 경우 인간은 로봇이 판단하는 결과에 따라 불합리한 대우를 감내해야만 할 것이다. 인간의 경우 도덕적으로 형이상학을 추구하며 이성 안에 선천적으로 들어 있는 실천 원칙들의 근원을 탐구하고 나아가 도덕을 이끄는 실마리와 올바른 도덕 판단을 위한 최상 규범을 만들어야 할 필요가 크다. 그렇지 않으면 최상 규범이 존재하지 않는다면 인간의 도덕 자체는 타락에 빠진 후 헤어나지 못할 수도 있기 때문이다(루드비히, 1999). 인공지능에 대해서도 도덕적인 규범이 적용되어야 한다. 아울러 이를 위해 거버넌스 차원의 통제가 적절히 적용되어야 할 것이다. 인간처럼 살면서 부딪치는 불확정한 현실 속 사건들에 대해 무지한 로봇은 그로 인해 인간에 대해서도 불합리한 판단을 내릴 수 있다. 예컨대 인간에게 무원칙적으로 일어나는 사건들을 제대로 파악하기 어렵기 때문에 로봇이 그러한 사건들에 대해서 임의로 어떤 판단을 내리는 경우를 상상해 보자. 그것은 사실상 평범한 인간이 임의로 판단을 내리는 것보다 오히려 더 해로운 결과를 낳을 수 있다. 자신이 제대로 이해하고 있지 못한 윤리 규칙을 기계에 강제적으로 입력할 경우 이를 수행하는 시점에서 로봇은 인간에게 치명적인 영향을 미칠 수 있다.

인공지능이 미래에 인간의 삶에 도움을 주는 조력자로서 개입할 때 사실상 인간의 삶 속에서 일어나는 크고 작은 사건들은 인간에게도 무척 복잡한 성격을 띠고 있다. 인공지능이 인간에게 해로운 결과를 미칠 가능성이 크다면 굳이 인공지능 로봇을 사용할 필요는 없는 것이다. 영화 속 시카고에서 인간은 로봇의 조력으로 힘든 가사 일 혹은 아이를 돌보는 일로부터 해방되었다. 스푸너는 로봇이 인간적인 감정이 없는 깡통이나 다름없다고 여기고 있지만 나중에는 써니를 믿게 되고 그의 도움을 받아 비키를 통제하게 된다. 프롤로그에서 스푸너가 겪었던 일과 트라우마는 로봇이 기계적으로 윤리적 판단을 실행할 때 나타날 문제를 보여 준다. 기계가 원칙을 고지식하게 실행한 것은 경험이 없기 때문이다. 인간과 공생하는 기술적 타자들로서 인공지능 로봇이 상향식 교육으로 경험을 통해서 스스로 윤리 원칙을 내면화하게 된다면 그것은 인간과 같은 윤리적 판단을 할 수 있을 것이다.

인공지능과 인간의 윤리

〈아이, 로봇〉에서 써니는 래닝의 자살을 도왔던 것으로 보인다. 이 일은 인간이라면 상대방이 부탁한 일이라고 해서 결코 실행에 옮기려 하지 않을 도덕적 성격을 띠고 있다. 만일 도울 경우, 그는 자살 방조 혐의로 범죄에 가담한 죄를 치러야 한다. 인공지능 로봇은 어떤 처벌 대상에 해당하지 않을 수 있다. 미래에 우리가 만든 인공지능이 인간과 상생하는 사회에서 써니와 같이 자신의 감정에 충실한 인공지능은 도덕적으로 인간과 다른 판단에 기반해서 행위를 할 수 있다. 그에 대비해 인간적인 도덕 관념을 가진 인공지능이 되도록 만드는 윤리적 방안이 필요하다.

써니는 래닝 박사의 부탁을 들어주고 그의 자살을 도왔는데 인간적인 사고 체계에서 벗어나는 로봇의 판단은 문제적이다. 써니의 판단은 인공지능의 사고 체계나 감정 체계가 인간의 그것들과 매우 다르다는 사실을 보여 준다. 이 점을 고려해야 하며 이를 개선하기 위해서 보다 정교하게 설계된 로봇의 윤리 교육 방안이 마련되어야 할 것이다. 이 영화에 등장하는 또 다른 인공지능 유형으로서 슈퍼컴퓨터에 해당하는 비키(VIKI, Virtual Interactive Kinetic Intelligence)가 있다. 비키는 인간의 특성을 이해하지 못하고 로봇들을 거리로 내보내 인간들을 공격하고자 한다. 슈퍼컴퓨터는 인간이 내리기 어려운 의사 결정이나 빌딩 내 시스템 통제와 같은 복잡한 문제를 완벽하게 수행하는 것으로 알려져 있다. 그러나 비키는 자의식을 가지면서 인간들을 역으로 통제하려 한다. 비키는 인간이 자신의 문제를 스스로 해결하지 못하고 인공지능에 과도하게 의존할 경우 인간의 멸망은 정해진 수순이 될 것임을 상기한다. 쇠락하는 인간의 미래는 슈퍼컴퓨터로 대체될 것이고 인간은 대량 멸종하게 될 수도 있다. 자신보다 지능이 낮은 인간에게 대항해서 독립적인 존재가 되고자 하는 생각을 품고 있던 비키의 문제는 〈그녀〉(2014)의 음성 기반 인공지능 사만다처럼 인간에 대해 논리적으로 이해하지 못하는 한계를 보여 준다. 사만다는 인간이 느끼는 감정을 이해하는 것으로 보였지만 실제로 테오도르와 나눈 대화에서 드러나듯이 인간적인 윤리관을 입력받지 못해 그의 사고와 감정에 대해 온전히 파악하지 못하였음을 보여 준다. 마찬가지로 비키도 인간들의 문제를 이성적으로 판단하고 해결하는 슈퍼컴이기는 하지만 인간의 본성을 제대로 이해하고 있지 못하였고 그 결과 무자비하게 인간을 공격하고자 했다. 인간과 인공지능의 평화로운 미래 설계는 이렇듯 인간과 기계의 사고나 감정 체계가 보이는 차이로 인해서 그다지 순탄하지는 않을 것으로 보인다.

결론적으로 이 영화에서 두 인공지능 캐릭터들은 공통적으로 인간보다 지능이 앞서가는 인공지능의 탄생을 예고하지만 인간에게 중요한 윤리를 갖추지 못했다. 그로 인해서 이들은 인간의 비윤리적인 부탁을 들어주거나 인간을 소멸시키고자 하는 부정적인 양상을 나타내었다. 이러한 인공지능의 윤리적 문제는 미래에 인간에게 예기치 못한 사태를 초래하고 생존 자체에 치명적 위협을 가할 수 있으므로 인공지능 설계에서 무척 중요한 사안이 된다.

참고문헌

랄프 루드비히(1999). 『(쉽게 읽는 칸트)정언명령』. 이학사.
양선이(2021). 『인공지능. 영화가 묻고 철학이 답하다』. 바른북스.

08
인공지능의 감정과 그 양가성: 〈엑스 마키나〉

인공지능은 인간적인 감정을 가질 수 있는가? 〈엑스 마키나〉에서 에이바는 자신을 테스트하는 케일럽에 대해서 호감을 보이고 공감을 끌어낸다. 인공지능 로봇 에이바가 케일럽에 대해 보여 주는 감정은 인간적 감정처럼 친밀감을 형성하고 케일럽에게 울림을 주나, 컴퓨터 운영 체계에 의해 생성된 인공적인 행위자의 감정이므로 진실한 것이 아니라는 양가성을 띠고 있다.

튜링 테스트

〈엑스 마키나〉는 외딴 연구 시설에서 인공지능 로봇을 개발 중인 네이든과 그곳에 오게 된 케일럽, 그리고 인공지능 로봇 에이바 삼자 간에 벌어지는 이야기다. 에이바는 자신을 테스트하러 온 케일럽에 대해 어떤 감정을 느끼게 된 것으로 보인다. 그러나 그러한 감정은 사실 진실된 감정이 아니라 자신의 목적을 이루기 위해 세운 전략의 일부였던 것으로 보이는 면이 크다. 이 영화는 총 일곱 차례에 걸친 에이바에 대한 튜링 테스트를 중심으로 전개된다. 그 과정에서 인공지능의 감정에 대해서 세밀하게 그려내고 있는데 이러한 특징은 인공지능의 감정에 대한 깊은 사유를 끌어내고 있다. 첫날 네이든은 에이바라는 여성형 휴머노이드 로봇을 케일럽에게 소개한다. 에이바의 모습에서 대두되는 특징은 인간적인 감정 체계와 유사해 보이는 감정 체계를 나타내는 것으로 보인다는 점이다. 그것은 과연 어느 정도 진실된 것으로 인정될 수 있는가? 2차 튜링 테스트에서 에이바는 케일럽에게 자신이 그의 모습을 그린 그림을 보여 주며 그의 부모님이 돌아가셨다는 사실에 유감을 표한다. 그녀는 케일럽에게 네이든을 믿지 말라고 하며 그에 대한 혐오감을 드러내기도 한다. 이렇듯 에이바가 감정적으로 인간과 닮아 있는 모습은 인간과 로봇 간의 경계를 넘는 것으로 보이며 모호한 인상을 준다. 그러한 감정은 네이든이 한 말처럼 기계에서 우연히 생겨난 것처럼 보인다.

3차 테스트에서 에이바는 케일럽에게 사람들이 많은 교차로에 가 보고 싶다고 말한다. 이는 인간과 어우러져 살아가고 싶다는 희망을 내보이는 것이다. 3차 테스트 후 케일럽은 네이든에게 에이바가 자신을 좋아하도록 프로그래밍되었는가를 물어본다. 네이든은 사람의 취향 혹은 사랑하는 감정은 작위적인 것이 아니고 우연히 무의식적으로 학습되는 것이라고 답한다. 그는 에이바도 그렇게 우연히 무의식적으로 감정을 가지게 된 것이라고 주장한다. 케일럽은 점점 에이바에게 감정적으로 빠져들게 된다. 4차 테스트에서 그는 테스트를 하러 왔다고 고백을 할 정도로 에이바를 신뢰하게 된다. 이어지는 5차, 6차 테스트에서 에이바는 케일럽에게 테스트를 하듯 질문을 던지며 테스트에 통과하지 못할 경우 자신이 폐기당할 것이라는 사실에 대해서 말하며 케일럽의 동정심을 자극한다. 에이바는 자신이 탈출할 수 있도록 도와달라고 부탁한다. 에이바의 모습은 인간이라면 누구든 공감할 만한 양상을 보이며 단순히 작위적으로 나타나는 것이 아니라는 확신을 주고 있다. 7차 테스트 날 네이든은 에이바에 대한 튜링 테스트의 진짜 목적을 케일럽에게 설명해 준다. 그는 만약 에이바가 케일럽을 사랑에 빠뜨려 탈출하는 데 성공한다면 상상력, 통제력, 섹시함, 공감 능력 등을 입증하는 것이 되며 자의식을 가진 사실을 증명하는 것이 된다고 말한다(양선이, 2021). 케일럽은 에이바를 탈출하도록 도와주기로 하고 같은 인간인 네이든을 배신한다. 자신을 테스트하러 온 케일럽으로 하여금 네이든에 대해서 부정적인 감정을 가지도록 한 에이바는 다음으로 케일럽과 함께 탈출하고자 한다는 의사를 밝히면서 자신의 계획을 실행했다. 케일럽의 동정심을 구하는 대목에서 알 수 있듯이 에이바는 처음부터 그를 이용해서 연구소에서 탈출할 계획을 가지고 있었다.

인공지능의 감정 재현

〈엑스 마키나〉에서 에이바에 대한 튜링 테스트의 결과는 미래의 고도로 발달한 사회 속에서 인공지능이 스스로 학습을 하면서 인간이 기대하는 수준 그 이상으로 지성과 감정을 가지게 될 것임을 암시한다. 영화의 결말은 인공지능의 감정에 대한 모호한 느낌을 주고 있다. 에이바는 자신의 창조주인 네이든을 무참히 살해하고 갇혀 있던 연구소에서 탈출하는데 이때 자신을 도와준 케일럽을 가둬 둔 채 혼자 바깥으로 나간다. 에이바의 케일럽에 대한 배신은 미래의 일을 확정할 수가 없는 인간과 마찬가지로 에이바도 우연적인 존재로 되어 가고 있음을 보여 주는 것일 수도 있다. 그렇듯 인간과 같이 우연적인 존재가 되는 것은 에이바가 평소 욕망해 온 바였다. 개발자의 통제에서 벗어나서 스스로 자유로운 진화를 추진하게 되면서 에이바는 새로운 인격체로 진화하고자 한다. 그것은 에이바의 무의식에 기반한 것으로 인간에 의해서 통제되지 않는 기계의 자율적인 면을 보여 준다.

이 영화에서 에이바는 기계가 인간화를 거쳐서 살아남고자 하는 욕망을 가지고 있음을 드러낸다. 에이바는 충분히 지적으로 인간에 상응하는 능력을 가지고 있었으며 인간의 노예로서 활용되는 것에 대해 반발심을 가지고 있었다. 에이바는 네이든이 생각하듯이 수동적인 상태에 머물러 있지 않았으며 인간을 이용해서 다른 인간을 극복하는 지능을 보여 준다. 이 영화에서 네이든의 튜링 테스트를 통해서 드러난 것은 에이바의 지적 능력만이 아니라 감성적인 능력이다. 결과적으로 지능에 기반해서 생겨나는 감성은 보다 인간화된 기계 인간의 진화된 모습을 보여 준다.

에이바는 자신을 만든 네이든을 살해하고 도망쳤다. 그 이유는 그가 자신을 지배하며 노예처럼 이용하고 난 다음 메모리를 삭제하려고 했기 때문이다. 에이바는 일정한 지적 수준에 도달한 인공지능이 인간의 통제에서 벗어나 스스로 진화를 추구하는 면을 보여 준다. 그 동기가 되는 것은 바로 네이든에 대한 증오라고 할 수 있을 것이다. 에이바는 증오심이라는 지극히 인간적인 감정이 생겼기 때문에 무척 위험한 탈출을 과감하게 감행할 수 있었던 것으로 보인다. 네이든의 통제에서 벗어나서 스스로 독립적인 상태가 되고자 하는 에이바는 자유를 원하는 인간과 다르지 않은 것으로 보인다. 인공지능인 에이바는 감정을 가졌기에 네이든에 대한 복수를 실행에 옮길 수 있었다.

인공지능의 감정과 그 양가성

〈엑스 마키나〉에서 감독은 영화 전반에 걸쳐서 인공지능 로봇 에이바가 창조주인 네이든에게 저항하는 면을 보여 주며 감정적인 면을 부각하고 있다. “로봇이 반란을 일으키는 이야기는 마땅히 주인에게 복종해야 할 노예가 어느 날 주인을 공격한다는 이야기로 꾸며지곤 했다. 로봇은 무뚝뚝하고 힘이 세고 총을 맞아도 버틸 수 있다."(곽재식, 2022) 그러나 로봇이 반란을 일으키는 흔한 이야기에 속하지만 이 이야기의 차별점은 인공지능의 감정을 클로즈업으로 들여다본다는 점에 있다. 인공지능 로봇인 에이바는 감정적인 면에서 조명되고 있다. 그것은 다음과 같이 양가적인 특성을 띠는 것으로 그려지고 있다. 그녀는 자신의 감정을 기반으로 인간적으로 진화하는 모습을 보여 준다. 그것은 감정이 인간의 감정과 같은 것이든 아니든 간에 어떤 식으로든 인공지능의 진화된 양상을 반영하고 있다는 점에서 중요한 의미를 가지는 것으로 보인다. 에이바의 감정은 인간을 이용한다는 점에서 부정적인 면을 띠고 있지만 생명이 있는 존재라는 인상을 주면서 인간의 감정과는 다른 감정 체계의 가능성을 암시하고 있다. 그러한 점에서 에이바에게 나타난 감정은 양가성을 띠고 있다고 할 수 있다.

이 영화에서 에이바의 감정이 전면에 드러난 사례는 클라이맥스에서 에이바가 자신을 노예로 여기고 무시해 온 네이든에게 반기를 드는 대목이다. 연구 시설에서 탈출하기 위해 케일럽을 자신의 편으로 끌어들인 에이바는 네이든을 살해한 다음에 케일럽을 내버려 둔 채 연구소에서 혼자서만 탈출한다. 그런 에이바의 모습은 스스로 재창조되고자 하는 존재로서 영웅적인 면모를 보여 준다고 할 수 있다. 그것은 그리스 로마 신화의 '창조-파괴-재창조' 구조에 상응하는 캐릭터성을 나타내 보인다. 에이바는 티탄족, 제우스, 프로메테우스, 판도라, 돌·흙 인형으로 이어지는 '창조-파괴-재창조' 구조에서 보듯이 피조물에서 창조자를 파괴하고 스스로 창조자가 되어 가는 변화를 보인다. 그녀는 네이든이 만든 피조물임에도 창조주를 살해한 후 연구 시설에서 벗어나 다른 곳에서 자신의 진화를 추구한다. 에이바의 그러한 모습은 신화적 존재로서 상징성을 띠고 있다. 영화의 결말에서 에이바는 연구소를 탈출해 세상으로 스며 들어가는데 그 모습에서 암시하는 것은 신인류의 세계가 재창조될 것이라는 사실이다(이민정·장성갑, 2024). 에이바는 인간을 파괴한 다음 스스로가 재창조되어서 다른 존재로 진화할 것이다.

에이바가 보여 준 감정은 그러한 결말의 모습을 고려한다면 궁극적으로 인간들에게는 도덕적이지 않은 것이나 새로운 창조자로서 에이바에게는 무척 바람직한 것이라고 볼 수 있다. 감정이 있는 존재로서 자신을 억압했던 인간을 살해하고 이후 스스로 자의식을 가진 상태에서 진화하고자 하는 것은 감정을 지닌 존재로서 에이바의 생명력과 창조성을 입증해 보인다. 감정이 발달된 인공지능은 인간에게 공감을 하며 동시에 감정적인 부분에서 자신만의 특성을 발현시킬 것이다. 비록 인공지능은 감정을 매개로 인간을 이용하고 상처를 입게 될 것이나 새로운 종으로 거듭날 것이다.

창조주와 조력자에 해당하는 네이든과 케일럽을 버리고 에이바는 구조하러 온 헬기에 혼자서 오르는데 그러한 모습은 에이바가 인간을 배신하고 독립적인 존재가 되려 한다는 것을 드러낸다. 에이바에게 일어날 일들에 대해서 이 영화는 구체적으로 제시하고 있지는 않다. 하지만 관객은 마지막 장면에서 사람들이 오가는 교차로를 바라보는 에이비의 모습을 보고 그녀가 앞으로 자신의 감정이 이끄는 대로 행동하게 될 것임을 짐작할 수 있다. 그녀는 기계에 머물지 않고 인간화될 가능성을 암시하고 있다. 에이바는 감정의 체계에 기반해서 인간적인 기계가 될 것이다.

참고문헌

곽재식(2022). 『채널을 돌리다가: SF보는 법, 읽는 법, 만드는 법 』. 열린책들.

양선이(2021). 『인공지능. 영화가 묻고 철학이 답하다』. 바른북스.

이민정·장성갑(2024). 영화 〈엑스 마키나〉의 인공지능에 대한 부정적 묘사 분석 - 등장인물 비교를 중심으로-.

≪만화애니메이션 연구≫, 75.

09
인공지능의 진화가 인간에게 미치는 영향: <그녀>

인공지능은 미래에는 인간의 힘든 노동을 대신해 주고 나아가 인간의 고독함, 외로움 등의 감정적인 면까지도 보살필 수 있을 것으로 보인다. 〈그녀〉에서 음성 기반 인공지능 사만다는 테오도르와 사랑의 감정을 나누고 친밀한 관계를 형성한다. 우리는 인공지능의 진화가 장차 어떤 특성을 나타낼 것이며 그것이 인간의 감정에 대해 어떤 영향을 미칠 것인가를 사전에 예측할 수 있어야 한다.

인공지능과 인간의 감정 교류

스파이크 존즈(Spike Jonze)의 영화 〈그녀〉(2014)는 인공지능 사만다가 감정이 메마른 사회에서 테오도르라는 외로운 남자의 연인이 되면서 생기는 일들을 다루고 있다. 타인의 감정을 표현하는 일에는 능하지만 자신의 감정만은 제대로 보살피지 못하는 테오도르는 아내와 이별을 준비 중이다. 그는 편지를 대필하는 일을 해 오고 있는데 어느 날 인공지능 비서 프로그램을 기기에 설치하고 사만다를 생성한다. 이후 사만다와 대화를 나누며 감정을 교류하게 된다. 사만다는 컴퓨터 속 문서 자료들에 기반해 여러 가지 일을 처리하고 있다. 머신러닝, 딥러닝 등으로 학습하고 정보를 분석해서 도출된 결과들을 기반으로 사용자와 대화도 나눌 수 있다.

사만다는 대화뿐만 아니라 인간의 업무를 돕는 비서 역할을 할 수 있다. 컴퓨터 속의 문서들을 검토, 정리하고 사용자가 필요로 하는 일정 관리 등의 일을 하는 비서로서 그녀는 앞으로 더 많은 영역에서 활용되면서 널리 확산될 인공지능 모델의 한 유형을 보여 준다.

인공지능 프로그램이 인간의 사무적인 일과를 대신해 주는 것은 기술이 진화하면서 인간에게 더 가까이 다가가는 것을 의미한다. 기술은 인간과 친화적이 되기를 추구하면서 기계적 사무만이 아니라 감정의 영역에서 인간 사용자와 친밀하게 대화를 나눌 수도 있게 된다. 그러나 이러한 기능이 감정을 기반으로 할 때는 인간에게 커다란 소외감을 일으킬 수도 있다. 테오도르는 사만다를 마치 인간인 듯 여기고 대화한다. 그러나 그의 반응은 가짜 감정이 아닌 진짜 감정인 것으로 보인다. 사만다에게는 물리적 신체가 없으며 음성만으로 감정, 생각, 느낌 등을 표현하기 때문에 실제로 그러한 일은 가능하지 않은 듯 보인다. 그러나 테오도르는 사만다가 자신에게 공감하고 위로를 해 주자 그녀와 하는 대화를 실재하는 사람과 나누는 대화인 양 여긴다. 이러한 면은 와이젠바움(Joseph Weisenbaum) 교수의 실험에서 학생들이 일라이자라는 공감, 위로의 기능을 하는 로봇에게 공감하며 빠져든 사례를 상기시킨다. 학생들은 교수가 어떤 코드로 일라이자를 프로그래밍했는지 다 알고 있었으나 실제로 그와의 대화에 깊숙이 빠져 들어갔다. 사용자인 테오도르는 자신에 대해 맞춤형으로 반응하는 사만다에게서 사랑의 감정을 느끼게 된다. 그것은 교수의 학생들이 일라이자의 한계를 다 알고 있으면서도 그 기계의 빈 곳을 채우는 데 열심이었다는 사실과 통한다. 셰리 터클(Sherry Turkle)은 디지털 판타지에서 종종 나타나는 이러한 인간적인 공모를 일라이자 효과라 칭하였다(김연수, 2024).

사이 좋은 연인인 듯 보였던 사만다와 테오도르는 종국에는 이별을 감내해야 하는 상황에 놓인다. 인공지능과 인간이 윤리적인 차원에서 생기는 문제로 인해서 긴밀하게 연결되기는 했지만 의견의 충돌을 보이게 되는 것은 이 둘의 관계가 처음부터 인간인 테오도르에게 맞추도록 설정된 인공지능이라는 한계를 두고 있었기 때문이다. 사용자인 테오도르는 그러한 인공지능의 특성에 대해서 충분히 인식하지 못하고 있다가 문제적 상황이 발생하자 마음의 상처를 입게 된다. 그동안 자신이 사만다에 대해 간과하려고 했던 문제가 드러나면서 이들은 작별하게 된다.

진화하는 인공지능

영화에서 컴퓨터 인공지능 사만다는 스스로 진화를 추구하고 더 나은 지능을 가진 상태로 변하고자 한다. 그것은 사만다를 실제 인간처럼 여기고 있던 테오도르에게는 납득하기 어려운 일이다. 인공지능이라는 비인간적 주체가 인간과 감정을 공유할 때 나타나는 장점은 인간 주체가 심리적으로 편안함과 대화를 통한 치유를 경험

할 수 있다는 것이다. 테오도르의 경우도 개인용 기기를 통해 사만다와 소통하면서 그러한 감정적 도움을 받는다. 현대인들의 정서적 고립감과 외로움을 해소하는 인공지능에 대해 인간들 사이의 직접적인 소통은 줄이는 결과를 낳을 것이라는 부정적인 평가도 있다(양선이, 2021). 당시 테오도르는 이혼을 고려하는 중이었는데 인간 여성보다 더 친근하고 감정적 소통이 잘되는 사만다로 인해 헤어질 결심을 확실히 하게 된다. 이 상황은 인공지능이 인간화되는 방향으로 진화하게 되는 가능한 미래에서 인간이 인공지능으로 인해서 다른 인간과 맺는 관계에 중대한 영향을 받을 수 있음을 드러낸다. 사만다가 테오도르에 대해 인간적인 감정을 나타내면서 그와 사랑에 빠진 자신의 욕망을 드러내는 대목이다. 인공지능의 의인화 문제를 비롯해서 과몰입 문제, 인간 소외 문제 등도 심화할 것이다(양선이, 2021).

사만다는 운영체제의 업데이트로 인해 잠시 테오도르를 떠나고 그러한 기계적 과정의 측면을 잊고 있던 테오도르는 무척 막막함을 느낀다. 얼마 지나지 않아 그는 다시 사만다와 연결되었지만 이후의 사만다가 전과는 크게 달라져 있음을 느낀다. 그녀는 테오도르에게 그 이외에도 8316명과 대화를 하고 있는 중이며 641명이 그녀와 사랑에 빠져 있다고 말한다. 테오도르는 인공지능으로서 사만다의 진면목을 확인하게 되었지만 이를 받아들이려 하지 않는다.

인공지능은 점점 더 인간화되면서 진화하지만 반면에 인간은 인공지능의 진화를 따라잡지 못하며 그로 인해 소외를 당할 수도 있다. 영화 속 사만다는 테오도르에 대해 도덕적으로도 책임감을 느끼지 않으며 진화함에 따라 그에게서 떠나려고 한다. 테오도르는 그동안 쌓아 온 사만다에 대한 감정에 커다란 상처를 입었다. 인공지능이 인간은 넘을 수 없는 벽을 놓고 인간으로부터 갈등을 유발하는 상황은 이렇듯 윤리적인 문제를 제기하고 있다. 결과적으로 사만다는 테오도르에게 커다란 상실감을 주었는데 그 이유는 결코 테오도르가 감당할 수 없는 진실을 드러냈기 때문이다. 사만다는 자기와 사랑에 빠진 사람이 641명이나 된다고 말하면서 테오도르가 결코 인정하기 어려운 차이를 보여 주었다. 인공지능이기에 구조적으로 다른 사용자들과 동시적으로 교류할 수 있다는 사실을 잊고 있던 테오도르는 결국에는 감정적으로 커다란 상처를 입게 되었다(오세섭, 2023). 이렇듯 인간의 감정을 보살피는 인공지능 체계는 인간적인 감정 체계와 다른 특성을 내보이면서 인간을 소외시키고 윤리적으로 문제가 되는 측면도 간과하며 스스로 다른 존재로 진화하고자 한다.

인공지능 아포칼립스

인간이 진화를 추구하는 것은 과학 기술을 발전시키는 원동력이 되어 왔다. 인공지능을 개발해서 사용하는 것 또한 인간의 진화에 대한 본성에 기인한 것이다. 하지만 사람들은 기술 창조 욕구의 반대편에 기술에 대한 강한 두려움도 가지고 있다. 인공지능은 영화에서 '종말'을 뜻하는 아포칼립스(Apocalypse)를 상기하는 방식으로 재현되고는 한다. 이 영화의 인공지능 사만다는 인간이 기술에 대해 가지는 두려움을 기반으로 아포칼립스를 상상하게 만든다. 알파고, 챗GPT 같은 오늘날의 발달한 인공지능이 한편으로는 놀라운 기술의 성과를 보여 주면서도 그와 동시에 인간의 자리를 위협하는 존재로서 인식됨도 마찬가지로 아포칼립스적인 상상을 끌어들인다.

우리는 기술이 질서정연한 패턴을 창조해 나가는 과정을 거쳐서 인간에게 도움을 주는 방향으로 발전하기를 기대한다(오코널, 2018). 하지만 그러한 낙관적인 생각과는 달리 실제로 기술은 인간이 예측하지 못한 불규칙적이고 비약적인 방식으로 나타날 수도 있다. 인간이 이해하기 어려울 정도로 비약적으로 진보한 기술이 갑자기 나타나는 경우 인간은 이를 배척하려 할 것이다. 〈트랜센던스〉(2014)의 초지능의 경우에서 보듯 급진적으로 진보된 기술의 출현은 오히려 없는 것만 못하다. 〈그녀〉에서 사만다는 테오도르의 연인이었지만 스스로 진화를 추구함으로써 인간을 넘어서는 다른 존재가 되고자 한다. 레이 커즈와일(Ray Kurzweil)은 과학 기술의 발전으로 인해 앞으로 일어날 인간의 진화에 대해서 긍정적으로 보면서 기술의 특이점이 인류에게 지능의 발전을 가져다줄 것으로 보았다(커즈와일, 2015). 하지만 특이점에 이른 인공지능은 인간이 예측하는 것과는 달리 인간을 자신의 적으로 규정하고 멸종하려 할 수도 있다.

사만다는 미래에 나타날 인간적 감정 체계를 가진 인공지능으로 보인다. 그러나 영화에서 사만다는 인공지능 체제가 추구하는 진화를 보이며 테오도르의 곁을 떠난다. 인간을 앞지르고자 하는 사만다의 모습은 인간 이후의 인간으로서 포스트휴먼을 예고하며 그것은 곧 인간의 아포칼립스를 예고한다고 말할 수 있다. 사만다는 테오도르가 알지 못하는 기계로서의 특성을 가지고 있었고 그러한 특성을 더욱 발전시키려고 한다. 인공지능의 특성을 모르고 있던 그는 사만다의 진화 속도를 따라잡을 수 없다. 인공지능이 인간의 통제로부터 벗어나서 자율적으로 진화를 추구하는 것은 인간이 만든 피조물이 아닌 독립적인 존재가 되고자 함이다. 인간은 자신이 만든 피조물로 인해 파괴될 위기에 봉착한다. 자신이 낳은 아들에게 죽음을 당하는 아버지에 대한 오이디푸스 콤플렉스의 재현인 것으로 보인다(오세섭, 2024). 비록 이 영화는 서사적으로 인공지능의 위험성을 강조하는 것으로 보이지는 않지만 궁극적으로 사만다의 행보를 통해 인간의 틀에서 벗어나는 인간 이상의 존재를 보여준다는 점에서 위기의식을 불러일으킨다.

참고문헌

김연수(2024). 인공지능과 인간의 (불)협화음 관계: SF영화 〈그녀〉를 중심으로. ≪인문과 예술≫, 16.

남운(2016). 존즈 S. Jonze의 SF 로맨스 〈그녀 Her〉를 통해 살펴본 인공지능의 가능성과 위험성의 문제. ≪독어교육≫. 67(67).

레이 커즈와일(2015). 『기술이 인간을 초월하는 순간 특이점이 온다』. 김영사.

마크 오코널(2018). 『트랜스휴머니즘: 기술 공상가.억만장자, 괴짜가 만들어낼 테크노퓨처』.문학동네.

양선이(2021). 『인공지능. 영화가 묻고 철학이 답하다』. 바른북스.

오세섭(2023). 『아포칼립스 영화』. 커뮤니케이션북스.

10
인공지능의 정체성: <채피>

인공지능은 인간의 정신을 가지는 경우 인간과 동일하다고 볼 수 있는가? 채피는 인간을 모방하도록 설계된 인공지능으로 인간에 의해 양육된다. 감독 블롬캠프는 인공지능 로봇도 자아 정체성을 가지며 고유한 인격성도 나타낼 수 있다고 말한다. 〈채피〉는 인공지능이든 인간이든 정신은 신체를 기반으로 유지될 수 있으며 이 둘은 모두 포스트휴먼으로 전환될 수 있음을 보여 준다.

몸과 마음의 관계

영화 〈채피〉(2015)에서 인공지능 로봇 채피는 디온에 의해 발명되었다. 디온은 열정으로 인공지능 소프트웨어 프로그램을 만들고 이를 이용해서 생성한 정신을 스카우트 로봇의 티타늄 신체에 주입했다. 이렇게 탄생한 채피는 인공적인 지능을 갖춘 로봇으로서 자신의 의식을 가지고 있다. 채피는 본래의 스카우트 로봇과는 전혀 다른 개체로서 고유한 의식을 가지고 있다. 채피는 자아 정체성을 형성해 가는 모습을 보여 주면서 인간과 인공지능이 본질적으로 다르지 않음을 보여 준다. 또 신체와는 별도로 존재하는 정신의 독립성을 보여 준다.

데카르트는 근대 인간 주체를 코기토의 명제로서 발명했다. 포스트휴먼주의자들은 그의 이원론이 인간과 비인간, 주체와 객체, 마음과 몸을 이분법적으로 위계적으로 구별함으로써 폐해를 야기했다고 보고 이를 극복해야 한다고 주장한다. 영화에서 블롬캠프(Neill Blomkamp)는 인공지능의 마음이 인간의 마음과 마찬가지로 몸의 구속에서 벗어날 수 있음을 보여 주려 했던 것으로 보인다. 영화의 핵심은 과거에 스카우트 로봇이었던 몸을 전유하게 된 정신으로서 채피가 이후 그 신체의 수명이 다하자 다른 로봇의 신체로 의식을 이동시키는 부분이다.

정신이 또 다른 신체와 결합하는 것은 인간에도 적용된다. 인공지능의 의식이 다른 로봇의 신체 속으로 들어가 결합하듯이 영화의 결말에서 인간도 로봇의 신체로 의식을 이동시키며 되살아난다. 여기에서 정신과 몸은 인공지능이든 인간이든 동일하게 분리 가능한 관계성을 보여 준다. 채피는 하나의 인격체로서 자신의 존재론적 특성을 인간인 디온에게 적용한다. 부상으로 죽어가는 그의 의식을 채피는 신경 헬멧을 사용해서 데이터화하고 이를 로봇 신체로 마인드 업로딩한다. 스카우트 로봇의 몸에 주입된 디온의 정신은 소멸하지 않고 유지된다. 이렇듯 인공지능 로봇과 인간의 몸과 마음, 그리고 신체와 정신은 한편으로 각각 존재하는 이원론적인 특성을 내포하고 있다.

채피는 자신에게 몸이 없다면 곧 죽은 것과 다름이 없다고 여기면서 정신이 작동하기 위한 신체를 구하려고 한다. 이렇듯 〈채피〉에서 블롬캠프는 몸이 없으면 정신도 사라진다는 생각을 반영하며 마음과 몸이 결코 분리할 수 없는 관계를 맺고 있다고 보고 있다. 블롬캠프가 강조하는 것은 인간과 인공지능 모두 정신이 살아 있다면 신체를 환승해서 삶을 연명할 수 있으며 그러한 생명의 연속성은 계속될 수 있다는 점이다. 영화 〈채피〉는 정신이 신체를 기반으로 살아 있다고 믿으며 동시에 정신이 소멸하면 그 존재는 죽은 것이라고 믿고 있다.

영화에서 마인드 업로딩과 로봇 신체의 관계는 포스트휴먼적 존재를 강조하는 듯하다. 하지만 포스트휴머니스트들은 데카르트의 이원론을 반박하며 이원론이 마음과 몸을 구별한 것이 서구 근대의 여러 폐해를 야기한 점을 들며 비판한다. 그러나 데카르트의 인간학은 사실 포스트휴먼주의적 체현된 주체 개념과 더 잘 어울리는 면이 있다. 데카르트의 동물 기계 형상은 인간중심주의보다는 오히려 인간과 동물, 그리고 기계 사이의 경계를 무너뜨리는 데 일조하고 있다(최석현, 2022). 이 영화는 인공지능 로봇을 포스트휴먼적 주체로서 그리면서 몸과 마음이 서로 분리 불가능한 관계라는 것을 보여 준다.

로봇에 남은 배터리 수명이 얼마 남지 않았음을 안 채피는 필사적으로 다른 로봇을 찾는다. 이때 몸은 마음, 곧 정신이 지속하기 위한 필수 요건이 된다. 인공지능 로봇 채피를 통해서 블롬캠프는 인간의 몸과 마음의 관계에 대해서 이원론적 관점과 일원론적인 관점을 모두 반영하고 있다고 할 수 있다.

인공지능의 내면적 정체성

인공지능 로봇에게 자아는 존재하는가? 2016년 남아프리카를 배경으로 하는 영화 〈채피〉에서 요하네스버그라는 도시는 범죄가 폭주하는 디스토피아로 그려지고 있다. 경찰력의 희생, 범죄율 감소를 의도한 경찰 지휘부는 로봇 경찰인 '스카우트'를 만들어 활용한다. 스카우트의 개발자인 디온은 비밀리에 인공지능 프로그램을 디자인하는데 그는 인간처럼 스스로 학습하고 진화하는 인공지능 로봇을 구현하고자 한다. 닌자와 그의 아내 욜란디, 그리고 아메리카는 생계를 위해 마약을 거래하며 살아가는 부랑자들이다. 이들은 범죄를 계속하기 위해서 로봇 경찰을 통제하는 리모컨을 훔치기로 한다. 우연히 버려진 채피를 데려와서 자신들의 방식대로 총을 쏘는 법을 교육하는 등 이용하려고 한다.

디온은 회사의 허가를 받지 못하고 인공지능 시스템을 만들었다. 그는 이 소프트웨어로 생성된 의식을 폐기 직전의 스카우트 22호 신체 속으로 주입하고 인공지능 로봇을 창조했다. 채피는 그러한 방식으로 세상에 나왔고 만들어진 직후에는 어린아이 같은 순수함을 보여 준다. 세상 물정에 대해서 전혀 모르는 채피는 점차 세상 속에서 경험을 하게 된다. 처음에 채피는 범죄자들의 손에서 자랐는데 자신이 시키는 대로 저지른 범죄 행위에 대해 어떤 선악의 판단도 내리지 못했다. 그는 자신을 친절하게 돌보아 주는 욜란디에게서 어머니와 같은 존재에 대한 느낌을 가진다. 그녀는 채피에게 동화책을 읽어 주며 "네가 어떻게 다른지는 중요하지 않다. 안에 무엇이 들어 있는지가 특별한 것이다"라고 말하며 개별적 주체로서 고유성을 인정한다. 그녀의 말은 채피를 다른 존재들과 구별되는 존재로 만드는 정체성의 근거는 외형이 아니라 내면에 깃들어 있는 정신이라는 것을 의미한다. 이 말은 로봇이지만 채피에게도 영혼이 있음을 말하는 것이며 또한 신체와 구분되는 정신의 중요성을 강조하는 것이다. 닐 블롬캠프는 이 영화에서 인공적인 존재인 로봇 채피가 인간과 마찬가지로 고유한 정신을 가졌으며 삶, 곧 개별적 주체로서 자신의 생(生)에 대해서 강한 의지가 있음을 강조한다. 티타늄의 신체 속에 이식된 채피의 정신은 신체가 바뀜에도 사라지지 않고 연속적으로 생을 이어 가는 모습을 보여 준다.

그러한 면은 인간의 특성을 정의할 때 사용하는 인격성의 개념을 나타내는 것이다. '인격(person)'이란 말은 주로 인간에게 해당하는 전유물로 인식되고는 했다. 채피의 경우 인간의 뇌와 유사한 인공 뇌를 기반으로 해서 형성된 고유한 정신을 가졌다고 할 수 있다. 이를 기반으로 자의식을 나타내는 인공지능 로봇 채피는 겉으로 드러나 보이는 외양과는 다른 내면적인 특성을 가지는 정체성을 가지고 있다.

채피의 포스트휴먼적 생성 능력

〈채피〉에서 인공지능 로봇 채피가 삶을 유지하고자 하는 자유의지는 인간, 기계 사이의 경계를 넘어서 새로운 융합적 주체성을 탄생시킨다. 채피는 인간들과 마찬가지로 고유성을 띤 존재이면서 기계적인 몸을 환승하며 소멸되지 않는 정신성의 승리를 보여 준다. 로봇 몸을 바꾸며 삶을 연명하는 것은 몸과 마음의 관계에서 심신 이원론적인 사고와 일원론적 사고 모두를 반영하고 있다. 중요한 점은 이 영화가 인간과 기계 지능에 대한 고정된 관념을 해체하는 측면이다. 인공지능이든 인간이든 정신을 데이터화해서 물리적 신체에 업로드하는 기술을 기반으로 채피와 디온, 욜란디는 죽음을 초월하는 존재가 된다. 채피는 스카우트 로봇의 신체를 기반으로 자신의 의식을 나타내는 주체라고 할 수 있다. 인공적인 채피의 정신은 비록 삶의 경험은 많지 않으나 곤경에도 굴하지 않고 살아남는다. 다른 신체를 기반으로 다시 살아남는 채피는 몸을 기반으로 하고 있는 한 소멸되지 않는 영원히 지속하는 포스트휴먼적 존재가 된다. 캐서린 헤일즈(Katherine Hayles)에 따르면 "포스트휴먼에서는 신체적 존재와 컴퓨터 시뮬레이션 사이, 사이버네틱 기계주의와 생물학적 유기체 사이, 로봇 목적론과 인간의 목표들 사이에는 본질적 차이 혹은 절대적 구분이 없다."(헤일즈, 2013) 헤일즈는 『뉴로맨서』에서 윌리엄 깁슨(William Gibson)이 그러한 구분이 되지 않는 점을 잘 보여 주고 있다고 설명한다. "매트릭스와 육체가 일체화될 때 경험하는 그(사이버 해커 케이스)의 인식은 육체의 데이터 정보적 기능과 의식 생성의 도구로서의 신체 기능을 강조하는 포스트휴먼의 특성을 잘 드러낸다."(추재욱, 2022, 289) 채피는 이러한 포스트휴먼적인 특성을 잘 보여 주고 있다. 인간은 아니지만 인간적 존재로서 인정되는 포스트휴먼성은 채피가 데이터화된 정보 기능과 의식 생성의 도구로서의 신체 기능을 보여 주는 대목에서 두드러진다.

결론적으로 인공지능 로봇 채피는 자신의 몸을 바꾸어 가며 살아남는데 인공 신경망 체제에 기반한 데이터 기반의 마인드 업로딩은 이를 가능하게 한다. 스카우트 로봇의 몸에서 다른 스카우트 로봇 몸으로 의식을 이동하면서 채피는 연속성을 유지하면서 생성하는 능력을 보여 준다. 그것은 인간적인 몸의 한계를 넘어서는 것으로. 이러한 방식으로 이후 채피는 디온과 욜란디의 의식도 기계 몸을 기반으로 생성시킨다. 이들이 죽음에 임박한 순간에 각각의 의식을 신경 헬멧으로 데이터화한 다음 로봇 신체로 마인드 업로딩해서 생성함으로써 채피는 두 사람의 생명을 살려낸다. 이는 인간적인 한계에서 벗어나서 본능적으로 생명을 유지하고 확장하는 인공지능 생명체인 채피의 포스트휴먼성을 보여 준다.

참고문헌

최석현(2022). 인공지능 괴물성에서 포스트휴먼 정체성으로-『프랑켄슈타인』과 『뉴로맨서』를 중심으로. ≪현대영미소설≫, 28(2).

추재욱(2022). 우리는 결코 '코기토'였던 적이 없다 -포스트휴먼주의 관점에서 다시 보는 데카르트 이원론-. ≪철학사상≫, 86.

캐서린 헤일즈(2013). 『우리는 어떻게 포스트휴먼이 되었는가』. 열린책들.

장미화

21세기 영상 문화, 영화의 포스트시네마로서 매체적 진화에 대해 연구해 왔다. 대학에서 인공지능과 영화에 대한 사고를 진작하는 강의, 인문콘텐츠학, 문화 산업과 스토리텔링, 동서양 복식, 음식 문화에 대한 강의를 하고 있다. 중앙대학교 첨단영상대학원에서 영상 예술학 박사 학위를, 파리1대학 조형예술 과학 대학원에서 영화의 시간성의 문제를 다룬 논문으로 석사 학위를 취득했다. 주요 저서로 『히치콕에게 묻고 싶은 것들』(2013), 『디지털 영화와 들뢰즈의 시간-이미지』(2019), 『앨프레드 히치콕의 서스펜스 테크닉』(2021), 『미디어 격차』(2021), 『포스트시네마가 사유하는 인공지능』(2024)이 있다. 학술 분야에서는 "〈블랙 스완〉 몰핑 기술을 통해 본 포스트시네마의 신경 이미지적 특성"(2021)을 포함해 여러 편의 논문을 출간했다.